Диана Линг

Жизнь в Германии Русский взгляд

Диана Линг

Жизнь в Германии Русский взгляд

Несколько житейских историй

Bloggingbooks

Impressum / Выходные данные

Bibliografische Information der Deutschen Nationalbibliothek: Die Deutsche Nationalbibliothek verzeichnet diese Publikation in der Deutschen Nationalbibliografie; detaillierte bibliografische Daten sind im Internet über http://dnb.d-nb.de abrufbar.

Alle in diesem Buch genannten Marken und Produktnamen unterliegen warenzeichen-, marken- oder patentrechtlichem Schutz bzw. sind Warenzeichen oder eingetragene Warenzeichen der jeweiligen Inhaber. Die Wiedergabe von Marken, Produktnamen, Gebrauchsnamen, Handelsnamen, Warenbezeichnungen u.s.w. in diesem Werk berechtigt auch ohne besondere Kennzeichnung nicht zu der Annahme, dass solche Namen im Sinne der Warenzeichen- und Markenschutzgesetzgebung als frei zu betrachten wären und daher von jedermann benutzt werden dürften.

Библиографическая информация, изданная Немецкой Национальной Библиотекой. Немецкая Национальная Библиотека включает данную публикацию в Немецкий Книжный Каталог; с подробными библиографическими данными можно ознакомиться в Интернете по адресу http://dnb.d-nb.de.

Любые названия марок и брендов, упомянутые в этой книге, принадлежат торговой марке, бренду или запатентованы и являются брендами соответствующих правообладателей. Использование названий брендов, названий товаров, торговых марок, описаний товаров, общих имён, и т.д. даже без точного упоминания в этой работе не является основанием того, что данные названия можно считать незарегистрированными под каким-либо брендом и не защищены законом о брендах и их можно использовать всем без ограничений.

Coverbild / Изображение на обложке предоставлено: www.ingimage.com

Verlag / Издатель:
Bloggingbooks
ist ein Imprint der / является торговой маркой
OmniScriptum GmbH & Co. KG
Heinrich-Böcking-Str. 6-8, 66121 Saarbrücken, Deutschland / Германия
Email / электронная почта: info@bloggingbooks.de

Herstellung: siehe letzte Seite /
Напечатано: см. последнюю страницу
ISBN: 978-3-8417-7168-1

Copyright / АВТОРСКОЕ ПРАВО © 2013 OmniScriptum GmbH & Co. KG
Alle Rechte vorbehalten. / Все права защищены. Saarbrücken 2013

Содержание

Содержание 1
Об этой книге и обо мне 3
   Вместо вступления 3
   Немного обо мне 4
О свадьбах в Германии. 5
   Часть первая. Личный опыт. 5
   Часть вторая. Приготовления 7
   Часть третья. Венчание. 11
   Свадебные подарки. 14
   Современные свадебные традиции. 16
   Часть четвертая. Торжество. 17
   "Не ходите, девки, замуж" или почему в Германии женщины не хотят замуж, а мужчины женятся на иностранках. Стоит ли выходить замуж за немца? 20
О детях в Германии. 26
   Врачебное сопровождение беременности и родов. Как это происходит в Германии. 26
   Об именах в Германии. Мода, правила и ограничения. Количество имен одного человека и курьезы имен. 35
   Популярные имена в Германии в 2012-2013 годах и старинные немецкие имена. Русские имена в Германии и мода. Как назвать ребенка? 39
   О детских садах. 43
   Как немцы воспитывают своих детей. 49
   Рассуждения на тему сосок и подгузников. Так ли это страшно? Отношение к этому родителей в Германии. 53
О некоторых праздниках в Германии. 60
   Выходные и праздничные дни. Календарь. 60
   Как в Германии отмечают Рождество. 65
   Празднование Карнавала. Rosenmontag. 70
   Пасха - Светлое Христово Воскресенье. Как празднуют Пасху в Германии. 72
Жизнь в Германии. 77
   Как живется людям с ограниченными возможностями. История из жизни. 77
Какие они, немцы? 80
   Война войной, а обед по расписанию. 80
   Как в Германии отмечают дни рождения, и что стоит знать, собираясь в гости. 82
   О немецкой псевдожадности. 86
   О честности по-немецки. Тема для размышления. 88
   Как узнать немца по его поведению? 95
   О речевом этикете. Разговор по телефону и вежливое обращение, насколько это важно для немцев? 99

Об этой книге и обо мне

Вместо вступления

Несколько лет назад я оказалась в Германии. В письмах, по телефону, друзья интересуются, какая жизнь ТАМ? И дело не в том, что нет возможности путешествовать, наоборот, она сейчас есть у очень многих, почти у всех. Но за короткий туристический визит в страну практически невозможно получить полное представление о быте, привычках, ценностях людей, которые там живут. Нужно погружение. Описывая друзьям свои наблюдения, происходящие события, приходилось невольно повторяться, то добавляя, то сокращая подробности. А потом пришла идея создать блог: собрать все рассказы воедино.

Я не претендую на истинность моих наблюдений и выводов, они справедливы только для данного места и времени, и пропущены через призму моего субъективного опыта и мироощущения. Поэтому если кто-то, прочитав мои записи, воскликнет: "Германия и немцы совсем не такие!", - спорить не буду, соглашусь. Ведь как в притче "Слепые и слон" я - всего лишь один из тех слепцов.

Итак, место действия - провинциальный, пограничный с Голландией город Клеве с населением в 50 тыс. человек. Находится в районе с сельскохозяйственным уклоном, в окружении деревенского ландшафта, полей, лугов и пасущихся на них пятнистых коров и неоседланных лошадей, с кристально чистым пьянящим воздухом, изредка омрачаемым так называемым Land Luft "Деревенским духом", а проще говоря, ароматами компоста и навоза, вносимых на близлежащие поля. Здесь можно пить воду из-под крана! За четыре года в чайнике полное отсутствие накипи, да и сама вода необычайно вкусная, даже будто слегка сладковатая. Не люблю сравнивать, но с точки зрения экологии, особенно на фоне всем известного русскоязычного мегаполиса, - просто райское место. Несмотря на всю провинциальность, общий дух и внешний облик городка далек от нашего обыденного представления о деревне, это именно маленький город. Здесь есть все: магазины всех сортов и видов, спортивные и финтесс-центры, несколько стадионов, кинотеатр, боулинг, рестораны, кафе, променад, и с недавнего времени даже свой университет. А пригородов, как и во многих других близлежащих населенных пунктах, почти нет - один город плавно перетекает в другой, о чем можно узнать, лишь прочитав на очередной желтой табличке у дороги.

Немного обо мне

Ваша покорная слуга. Девушка очень средних лет, плавно приближающаяся к возрастной отметке с лидирующей цифрой «четыре». Родилась в Крыму, в семье военного, в прекрасном городе у моря. Нам очень часто приходилось переезжать, поэтому ни к одному месту жительства не удавалось привыкнуть надолго. Такое непостоянство давало мне, тогда еще маленькой девочке, невероятное ощущение свободы, чувство, что на земле нет границ, а я сама являюсь гражданином Мира!

Несмотря на то, что из-за постоянных переездов приходилось часто менять места учебы, я успешно окончила школу, поступила в Университет на экономический факультет, а через положенные пять лет вышла из него в жизнь, держа в руках красную корочку диплома. Я сразу начала работать, и занималась бы своими любимыми цифрами и дальше, если бы пять лет назад моя судьба не совершила крутой вираж.

Привычная к перемене мест, я сперва не восприняла свой переезд в Германию каким-то особенным событием. Хотя, признаться, так кардинально менять окружение мне еще не приходилось. Но на новом месте впечатлений оказалось больше чем достаточно. Новая страна, как новая планета: другие люди, другая речь, другие манеры, другие ценности. Чтобы не потеряться в новом обществе и не выделяться своей чужеродностью, приходилось постоянно держать глаза и уши открытыми и наблюдать, внимать, отмечать, запоминать.

Со временем, когда пришло понимание, эта страна открылась для меня совсем новыми гранями. Столько стереотипов и предубеждений пало, что не записать свои наблюдения и новые ощущения я просто не имела права!

Хотите взглянуть на Германию и ее жителей моими глазами? Тогда путешествие начинается!

О свадьбах в Германии.

Часть первая. Личный опыт.

Близкое знакомство с Германией изнутри началось для меня, как ни странно, с моей собственной свадьбы. С моим будущим мужем мы были знакомы уже два года, дружили, встречались наездами, писали друг другу, звонили, но сделать первый судьбоносный шаг навстречу не решался никто: ему не нравилась Москва, мне была дорога моя работа. Видимо, небесам надоело ждать, и они приняли решение за нас. В один прекрасный день мы узнали, что у нас будет дочь. Новость о ее появлении на свет заставила меня пересмотреть свою привычную жизнь и кардинально поменять ее уклад. Я решилась поменять страну проживания. Если раньше все переезды воспринимались мною делом вполне обыденным, то в этот раз я почувствовала себя не меньше, чем астронавтом, осваивающим новую планету.

Времени на организацию свадьбы было катастрофически мало. Сроки моего интересного положения поджимали, а для официального въезда в Германию надо было оформить море документов: собрать, легализовать, перевести, отправить, ждать. И ведь визу могли и не дать! Уж основания нашлись бы. К примеру, невесте положено иметь сертификат о сдаче экзамена по немецкому языку, причем не лишь бы какой, а института Гёте. Я его счастливой обладательницей не была. Мы с мужем говорили по-английски, нам хватало. Немецкий за время нашего общения не входил даже в планы, собственно, как и в планы мужа - русский. Но тут уж было не отвертеться. Живо вспомнился студент из анекдота, который на вопрос: "За сколько времени он сможет выучить иностранный язык?" - готов был при наличии конспекта идти сдавать…

Параллельно борьбе за место под солнцем в виде моего разрешения на въезд, мы продолжали готовиться к свадьбе, обсуждая подробности по телефону, обмениваясь новостями по электронной почте, назначая даты, выбирая рестораны, без особой уверенности, что торжество сможет состояться в положенное время. Но где-то за неделю до события разрешение я все-таки получила. Тут же взяла очередной отпуск на работе, билеты в кассе и, подхватив сумку с самым необходимым и чехол с белым платьем, как в гости поехала на собственную свадьбу.

Уже хотя бы только потому, что в Германии принято готовиться к такому событию уж очень заранее, рассылая приглашения приблизительно за год (*!*), наш случай был для "аборигенов" чем-то из ряда вон.

К моменту, когда я появилась на месте, что-либо изменить в предстоящем торжестве уже не было никакой возможности. Мой будущий муж знакомил меня с тем, как будет проходить событие, и мне приходилось принимать многие вещи, зажмурив от страха и неуверенности глаза. Но, обо всем по порядку.

Часть вторая. Приготовления

Как и большинству молодоженов в Германии нам предстояло пожениться дважды. Первый раз в Standesamt, аналоге нашего ЗАГС, и второй раз - повенчаться в церкви. В отличие от расхожего мнения, кочующего из анекдотов в народ, что при заключении брака главным является штамп в паспорте, немцы более ответственно подходят к браку венчанному. Здесь вообще к семье отношение трепетно-серьезное. Разводы не поощряются, я уж не говорю, что это стоит это по местным меркам баснословных денег, поэтому решение о женитьбе принимают взвешенно, зачастую имея за плечами 10-ти - 15-ти летний стаж совместного проживания. Или вообще его не принимают. Незарегистрированный брак в Германии - явление достаточно распространенное, юридически значимое, при этом "супруги" обладают равными правами на совместно нажитое имущество и детей. А дети, рожденные в гражданском браке или даже в адюльтере, имеют полные права наследников своих биологических родителей наравне с детьми, рожденными в законном браке.

В отличие от нас, в данном случае я имею в виду меня и моего мужа, будущие молодожены в Германии к своему торжеству готовятся заранее, за год-полтора. Немцы вообще все делают обстоятельно, пунктуально и без спешки, но когда речь заходит о браке, они удваивают усилия. И это оправдано. Когда взвешивание всех "за" и "против" уже позади и решение принято, выбирается дата свадьбы и собор для венчания, под них подгоняется много других графиков: отпускной, праздников и мероприятий собора, свадебное путешествие. Большинство турагентств, например, предоставляют скидки на раннюю бронь, что на фоне общих расходов на свадьбу представляется делом далеко не лишним. Да и приглашения принято рассылать задолго до торжественного события, чтобы и гости тоже смогли запланировать будущее мероприятие у себя в календаре.

Регистрация в ЗАГСе и венчание назначаются на разные дни. Зачастую это два подряд идущих дня, или дни с большим промежутком времени, но обе регистрации в один день не происходят практически никогда. Забегу вперед и скажу, что невеста и жених, разумеется, в эти два дня одеваются по-разному, и что меня особенно удивило, что в день государственной регистрации многие молодожены надевают национальные костюмы, невесты - дирндль, мужчины - трахт. (*В голове промелькнули и, испугавшись, исчезли видения свадебных пар в кокошниках и ушанках, столпившихся перед советскими ЗАГСами*).

Для регистрации в ЗАГСе необходимо предоставить определенное количество документов и заполнить несколько анкет. После этого выдают справку для пастората. Насколько я поняла, без государственной регистрации в церкви не венчают. Перед свадьбой с молодоженами беседует пастор. И это не просто светская беседа. По ходу разговора, в зависимости от наших ответов, заполняются документы, которые потом хранятся в церковных архивах. Не знаю, как долго, но на семейный век точно хватит. В процессе беседы, кроме отсутствия причин, препятствующих заключению брака, - в числе которых, например, принадлежность к конфессиям, не допускающим "смешанного" венчания, - пастор выясняет взгляды будущих супругов на брак, воспитание детей и понимание христианских ценностей.

Наша беседа была долгой, в очень благожелательной манере, но темы, поднимаемые в ней, и слова "только он", "вечно", "навсегда" любого могут выбить из равновесия. На брак вообще решиться трудно. Решившись же, чувствуешь себя, как перед прыжком с парашютом: один шаг - и ты в бездне. Главное не думать. А когда тебя так испытывают, заставляют держать голову холодной, все понимать и действовать осознанно, очень нелегко побороть желание слинять, особенно человеку ответственному. Но мне повезло, нет худа без добра. Мой немецкий был на уровне чуть большем, чем содержание обычного разговорника, поэтому добрых шестьдесят процентов текста я просто не понимала. А когда в длинной фразе находятся только два известных слова, в худшем случае подлежащее и сказуемое, а в лучшем - вообще только два дополнения, то вся она перестает быть такой страшной, и на вопрос: "Вы понимаете, что *трам-пам-пам-пам-пам* быть верной *трам-пам-пам-пам-пам-тарам* женой?" уже очень просто с легким сердцем ответить: "Да!".

От пастора мы вышли с чувством, будто уже полдела позади. Осталась завершающая часть - проконтролировать некоторые организационные пункты мероприятия.

Мы перешли к очень важному моменту плана подготовки к свадьбе, собственно, как это событие увековечить. К моему великому удивлению, видеосъемку торжества здесь делать не принято. Точнее, гостям и родственникам не возбраняется пользоваться любительскими видеокамерами, но профессионального оператора на немецких свадьбах вы не встретите. Не воспринял эту идею и мой будущий муж, и мы ограничились только фотографом. Им согласился быть приятель и, по совместительству, коллега моего мужа. Узнав об этом, я несколько скривилась: в России принято заказывать "профессиональную" съемку, чтобы качественно, и "пафосно", а тут просто коллега. Не впечатлил меня и титул: Председатель Общества фотографов местного масштаба. Но, когда мы заехали к нему в гости, и за приятным разговором и чашечкой кофе я посмотрела его альбомы, то мысленно присвистнула и отмела все сомнения на его счет. Лишь только потом мне стало известно, что Германия кишмя кишит подобными обществами, называемыми по-немецки "Verein", различной тематической направленности, и они имеют очень серьезный вес в общественной жизни.

Оставался ресторан. Он был выбран и заказан заранее, еще в бытность нашей переписки по интернету. Сейчас мы лишь поехали его посмотреть и обсудить оставшиеся детали.

В процессе разговора с владелицей выяснилось, что подача блюд будет в виде шведского стола. Мне стало дурно. Как-то сразу припомнились все корпоративные вечеринки и семинары с такого рода окормлением: толпа слегка подвыпивших людей, пробирающихся к цели по головам друг друга, пихаясь локтями, в попытке ухватить себе кусочек получше. При этом прочие случайно подхваченные кусочки порой оседают на платья и костюмы рядом стоящих уважаемых коллег. И чтобы это на свадьбе?! Я стала было категорически возражать, но встретила такое непонимание и даже оторопь в глазах моих собеседников, что после уверений: "У нас все так делают!" - сдалась, и будь что будет.

Но как это все будет выглядеть?! В голове картинками пролетели все застолья, виденные за мою жизнь и дома, и в ресторанах, и в кино, ломившиеся от яств столы, а тут свадьба и стол шведский. Мысленно ластиком стерла из этих представлений все блюда, так же мысленно обозрела то, что осталось, и ужаснулась. Хозяйка ресторана, тем временем, уточнив цветовую гамму свадьбы, показала посуду, приборы, свечи, текстильный декор и скатерти, которые на мой вкус показались несколько по-столовски коротковатыми. Но я старалась уже ни на что особенно не реагировать, не принимать близко к сердцу, в конце концов, это же только один день, а впереди вся жизнь. Но уж больно все было по-другому, непривычно, неожиданно.

Обговорили расстановку столов. В отличие от России, где по традиции принято устраивать один общий стол в форме буквы "П", столы здесь ставят отдельными группами, каждая из которых предназначена для определенных гостей: коллег, друзей, знакомых по спортивным занятиям, родственников. За стол невесты и жениха кроме них самих садятся свидетели и родители. Хотя жестких правил нет. Случалось мне быть на свадьбе, где молодожены вообще сидели только вдвоем. Шведский стол с блюдами ставится в отдельном смежном с основным залом помещении, или, как вариант, вдоль одной из стен главного. Отдельно ставится стол для подарков. Возле него молодожены будут принимать гостей.

Заключительный штрих - цветочное оформление. Любовь немцев к различного рода экибанам, цветам в горшках и вазах, клумбам, садикам и паркам, возведена в искусство и сопровождает их на протяжении всей жизни, и я даже очень постаравшись не могу вспомнить места, где флористики нет, они ею живут. Очень много орхидей. От их разнообразия и фантастической красоты голова идет кругом и перехватывает дыхание. Возможно, это пристрастие очень субъективное, но именно из-за него мы выбрали орхидею главным цветком для нашей свадьбы. И чтобы заказать цветочное оформление, мы поехали на специальную орхидейную плантацию. Тут уж я дала волю фантазии, и было даже страшно подумать, сколько вся эта красота может стоить! Но сумма оказалась настолько приемлемой, словно бы я украшала зал ромашками *(вот что значит, жить близко от Голландии!)*, а потому и свадебные букеты и украшения на машину мы заказали там же. Удостоверившись, что все это доставят нам вовремя и по нужным адресам, мы с удовольствием поставили заключительную галочку в свадебном плане.

Часть третья. Венчание.

Первый день свадьбы, а именно регистрация в ЗАГС, прошла без особых сюрпризов. Единственное отличие регистрации брака в Standesamt от виденной мной ранее российской версии в том, что у нас и молодожены, и гости, и ведущая бракосочетания стоят, а здесь сидят. Причем, жених с невестой и работник ЗАГСа за столом, а гости позади них на стульях, как в зрительном зале.

Кстати, все документы ЗАГС: свидетельства о браке, венчании, перемене фамилий, о рождении детей, свидетельства о смерти, - в Германии имеют один формат и подшиваются в специальную папку. Она называется "Stammbuch der Familie" *(с немецкого можно перевести как "Генеалогический список семьи")*. В дальнейшем, если в каком-нибудь учреждении потребуется любой из этих документов, принято приносить с собой всю эту книгу. После регистрации в Standesamt в книге молодоженов появляется их первый документ.

После торжественной регистрации поздравления, цветы от пришедших друзей и знакомых, ресторан в тесном семейном кругу. Просто и немного скучновато. Наверное, потому, что основное событие - венчание - еще впереди.

Итак, свадьба, день второй.
К венчанию невеста приезжает последней. К этому моменту церковь уже украшена цветами и лентами, на скамьях разложены программки с текстами свадебных гимнов, собираются и рассаживаются гости. Как правило, невесту к алтарю должен вести ее отец, но все чаще современные будущие пары по церковному проходу идут вдвоем, не держась за руки. В католическом соборе женщинам закрывать голову не обязательно, но в начале церемонии фата, если таковая имеется, покрывает голову невесты. Только когда произнесена свадебная клятва, жених "открывает" невесте лицо и доступ к свежему воздуху. От себя хочу добавить: никогда не думала, что под опущенной на лицо фатой так невыносимо жарко! Кстати, фата на девушке издревле символизировала ее целомудрие, утратив которое невеста венчалась с непокрытой головой. Еще лет двадцать назад эта традиция жестко соблюдалась. Но современные пары в вопросе, надевать или не надевать фату, все чаще руководствуются собственными эстетическими вкусами и пожеланиями.

Одним из важных будущих семейных реликвий является свадебная свеча внушительных размеров. Ее будущие молодожены выбирают вместе задолго до свадебной даты, она остается зажженной всю церемонию венчания и во время всего празднования. Потом она бережно хранится в семейном архиве и зажигается в каждую годовщину. Во время службы поются гимны, играет орган. Было неожиданным, что в определенный момент к алтарю выходят несколько человек из числа друзей и родственников и читают подготовленные заранее проповеди.

Когда служба закончена, все покидают собор, и новобрачных, выходящих последними, гости посыпают рисом и лепестками роз. Рис символизирует плодородие, пожелание скорейшего прибавления в семействе. Это очень красиво. Правда, попадая в декольте, зерна доставляют массу неприятных ощущений невесте, поэтому, наверное, в последнее время обсыпания ограничиваются только лепестками роз.

На улице гости дарят молодым надутые гелием шарики с привязанными к ним свадебными открытками. Невеста с женихом связывают их вместе и отпускают. В связи с этой традицией году так в 2010 в Германии произошел конфуз, о котором писали все новостные ленты мира. Несколько десятков запущенных в небо свадебных шаров военные радары приняли за НЛО. Но дело тогда окончилось благополучно, никто не понес наказания - традиция есть традиция. А вот ни отпускаемых голубей, ни порхающих экзотических бабочек на местных свадьбах я еще ни разу не видела.

Чтобы поздравить молодоженов лично, гости аккуратно, не толпясь, становятся друг за дружкой. Поздравления короткие. Гость дарит цветы, пожимает молодым руки и ограничивается в большинстве случаев одной фразой: "Herzlichen Glückwunsch", что в переводе означает буквально "Поздравляю", пожеланий и напутствий не произносят. В день нашей свадьбы, например, нам каждый из гостей во время этих поздравлений подарил по одной длинной белой розе, так что в конце получился огромных размеров невероятно красивый букет.

После венчания жених с невестой и ближайшими родственниками уезжают фотографироваться. По традиции - и в этом Германия не отличается от России - для фотосессии выбирают самое красивое место в городе или в округе. В Клеве это парк Forstgarten. Но очень часто в последнее время в качестве фона для свадебных фотографий можно увидеть обшарпанные стены старых заброшенных фабрик с ржавыми металлическими конструкциями, или деревенские пейзажи с колесами телег.

В отличие от моды российской на лимузины всех сортов и видов, в Германии в качестве свадебного автомобиля большой популярностью пользуются автомобили ретро. Фотография с таким автомобилем - непременный атрибут каждого семейного фотоальбома.

Свадебные подарки.

Надо сказать, что немцы, как народ очень практичный, еще в приглашениях на свадьбу указывают, какого рода подарки приветствуются. Если пара жила какое-то время в гражданском браке и уже успела обустроить быт, то скорее всего пожеланием будет подарок денежный. Если же молодые хотели бы получить что-то материальное, то в приглашении будет стоять адрес магазина. Жених и невеста заранее выбирают все, что им было бы приятно получить, и откладывают в этом магазине на специальный стол или полку. Гостю достаточно лишь прийти туда, выбрать подходящий по бюджету объект, выкупить его, упаковать и подарить. Без сюрпризов, зато и без разочарований.

Если гость проявил инициативу, но подарок не понравился, его всегда можно вернуть в магазин. Без чека денег, конечно, не вернут, но вот подарочный сертификат *(в Германии он называется Gutschein)* на сумму, равную стоимости возвращаемого подарка молодые обязательно получат. Может быть, и не слишком вежливо по отношению к дарителю, но практично.

Подарки от друзей и знакомых негласно ограничиваются суммой от 20 до 50 евро с приглашенного человека. На большую сумму позволяют себе одаривать только самые близкие друзья или родственники. Более дорогой подарок обязывает, а этого стремятся избегать.

Зато всю палитру своей фантазии немцы проявляют, оформляя подарки денежные. Просто так купюру в конверт не кладут. В виде исключения, могут подарить красиво оформленный и упакованный подарочный сертификат какого-нибудь магазина. В остальных случаях из денежных купюр складывают различные фигурки или цветы в технике оригами, украшают ими собственноручно сделанные подарки на тему интересов и увлечений молодой пары. Это и "торты" из туалетной бумаги или памперсов, украшенные денежными "розочками"; наборы для японского чаепития с уложенными на них "салфетками"; "письмо" в бутылочной почте; для любителей путешествий - карта мира, с приколотыми на ней "корабликами"; видела я однажды макет американских прерий с "кактусами" для молодых, познакомившихся в Техасе...

А на самой свадьбе, получив подарок, молодая пара кладет все эти сокровища на стол для подарков, где они и лежат до конца торжества. Беспокоиться об их сохранности не нужно - никому постороннему и в голову не придет прихватить что-то с собой.

Современные свадебные традиции.

Первая традиция и примета, с которой я столкнулась в Германии - невестинская. На свадьбу невеста должна надеть на себя что-то старое, что-то новое, что-то чужое и что-то голубое. Считается, что тогда ее брак будет удачным, долгим и счастливым. Если голубое не подходит к свадебному наряду, то такого цвета может быть булавка, подвязка для чулок, или нижнее белье.

Так как тамада на немецких свадьбах не предусмотрен, то вся развлекательная часть вечера ложится на плечи самих гостей. Родственники, коллеги по работе, друзья, товарищи по занятиям спортом заранее собираются между собой и совместно подготавливают поздравление для молодых: коллажи из фотографий, стенгазеты, конкурсы для новобрачных, разыгрывают сценки, поют песни. В конце каждого поздравления новоиспеченной семье преподносится подарок, часто денежный, но оформленный с фантазией и юмором.

Еще одна ранее мне не известная свадебная традиция - это танец под фатой. Четверо рослых гостей поднимают фату, или заменяющую ее ткань за углы над головой (*если снимать настоящую фату невеста отказывается*), и под этим пологом начинают свой танец молодожены. Суть в том, что каждый из гостей имеет право потанцевать с женихом или невестой, разбив танцующую пару, но для этого надо заплатить - бросить на натянутую "фату" монеты или купюры. "Заплативший" имеет право так долго танцевать с одним из новобрачных, пока кто-то другой из гостей не бросит на фату новый "выкуп". Считается, что эти деньги собираются на приданое для будущего первенца новой семейной пары.

В Германии, как и по всему миру, в конце вечера невесты бросают своим незамужним подругам букет. Иногда к девушкам летит не настоящий букет, с которым невеста провела весь день, а его заменитель, порой ни по стилю ни по цвету не напоминающий оригинал. Зато подвязки с ноги суженой женихи не бросают совсем. На нашей свадьбе мы это сделали и произвели фурор! Молодой человек, поймавший мою подвязку (*кстати, голубого цвета*), по его же собственным словам хранит ее до сих пор. Он и на самом деле через год женился. Вот и не верь после этого в приметы! Правда, справедливости ради надо добавить, что женился он на своей подруге, с которой они прожили вместе уже достаточно лет, успели построить дом, посадить не одно дерево и родить сына.

Напоследок хочу рассказать еще об одной важной и приятной традиции, соблюдаемой всеми молодоженами в Германии. В течение нескольких дней после свадьбы новоиспеченные муж и жена подписывают и отправляют по почте благодарственные открытки всем, кто был на свадьбе или просто поздравил их бракосочетанием. В конверт вместе с благодарственной открыткой они кладут свою свадебную фотографию на память.

Часть четвертая. Торжество.

Венчание традиционно проходит в первой половине дня, а основное торжество в ресторане назначается на 18 часов. В ресторане для иногородних гостей к половине четвертого накрывается кофейный стол.

В положенное время к ресторану молодожены подъезжают первыми. Он уже полностью готов. Зал украшен, столы расставлены и сервированы, шведский стол накрыт, не хватает только горячих блюд, которые подадут к началу трапезы. Вопреки моим опасениям, столы без блюд выглядят не только не бедно и пусто, но и по-своему шикарно. Полумрак, зажженные свечи, отражающиеся миллионом огоньков в хрустальных бокалах, поблескивающий холодный металл приборов, и даже матовый, теплый фарфор напоминает лепестки орхидей, случайно упавших с украшающих стол цветочных композиций. Все это вместе по цвету, тону и стилю создает впечатление единой гармоничной картины. Знаете, что-то в этом есть.

Гости, тем временем, собираются в фойе ресторана, и ровно в назначенное время жених и невеста приглашают всех пройти в зал. Чтобы сориентировать гостей, молодожены делают небольшое объявление, в котором говорят, по какому принципу на их свадьбе расставлены столы. Все места в зале распределены заранее, и для каждого гостя возле его места находится карточка с именем.

Через некоторое время жених с невестой начинают принимать поздравления. Они становятся неподалеку от стола для подарков, и к ним собирается новая очередь. На этот раз, поздравления более многословны и раскованны, но начинаются они с неизменного "Herzlichen Glückwunsch" (*Поздравляем*), и завершаются преподнесением подарков.

К моменту окончания "подарочной процессии" блюда к шведскому столу уже поданы и невеста с женихом приглашают всех к трапезе. К моему удивлению, сразу после объявления толпа к столам не повалила, а медленно, даже как-то нехотя, собралась и выстроилась в новую очередь. Каждый из гостей проходил вдоль стола с блюдами от его начала и до конца, набирал в свою тарелку все что хотел, и неторопливо отправлялся к своему столику. Задачей официантов было лишь снабдить гостей желаемыми напитками. Никто не толкался, никуда не торопился. Все вели себя чинно и с достоинством.

За едой прошло часа два-три. Тамада на немецких свадьбах не предусмотрен, никто "горько" не кричит, все спокойно едят, ходят по залу, общаются, выходят курить на улицу, пробуют различные напитки и коктейли в баре, фоном звучит легкая ненавязчивая музыка. Я думала, так все и будет продолжаться до конца вечера. Но в какой-то момент все изменилось: в зал впорхнули официанты, убрали лишнюю посуду и, что самое невероятное, все блюда со шведского стола! *(Я просто опешила! Не на славянское сознание такие действа!)* Свет в зале потух, софиты подсветили сцену, и началось представление! Оказывается, для нас почти все гости приготовили что-то интересное: коллеги моего мужа по работе разыграли сценку в стихах, собратья по волейбольной команде устроили для нас шуточный турнир, и, чтобы уровнять шансы профессионально играющего жениха и вообще никакой в этом плане невесты, жениху на руки надели боксерские перчатки.

К этому времени из угощений оставались только фрукты, сыры и неограниченный набор напитков в баре. Интересный момент: шампанского здесь на свадьбах не пьют, большинство предпочитает пиво. Как невеста русская, я настояла, чтобы на нашей свадьбе торжественный напиток был. И он был! Правда это была чуть ли не единственная на всю свадьбу бутылка.

Часам к двум ночи зал заметно опустел. Праздник подошел к концу. Многие пары уехали по домам, чтобы сменить приходящих нянь, или вообще потому, что до утра гуляли последний раз еще в подростковом возрасте. В какой-то момент мы остались почти совсем одни. Пусто и немного грустно. Надо ехать домой. Отвезти молодоженов - привилегия и честь для ресторана. Свадебной паре не только предоставляют автомобиль с водителем, помогают перенести в него все подарки, но и заворачивают с собой аккуратно упакованные в пластиковые контейнеры и судочки все блюда, оставшиеся со шведского стола.

Свадебное торжество закончено. Впереди вся жизнь. Новая, неизведанная, непонятная, полная неожиданностей, взлетов и падений, удач и разочарований. Теперь на двоих одна. Ты прекрасна, жизнь!

"Не ходите, девки, замуж" или почему в Германии женщины не хотят замуж, а мужчины женятся на иностранках. Стоит ли выходить замуж за немца?

Вспомнился бородатый советский анекдот:

"Приезжает иностранец в Россию. Его встречает русский.
- У вас есть огород... Что, мини-трактором обрабатываете?
- Да нет, это моя жена...
- У вас такие ухоженные дети. Наверное, есть нянечка?
- Да нет, жена...
- У вас очень чисто в доме. Наверное, есть домработница?
- Да нет, это все моя жена...
- Вы знаете, у вас очень вкусная выпечка. У вас, наверное, прекрасная повариха.
- Да нет, печет жена...
- Вы знаете, вы прекрасно выглядите. У вас, наверное, изумительная любовница?
- Да - это моя жена!
- Как, с этой лошадью вы еще и спите?"

Мы тогда, еще в советские времена, рассказывали этот анекдот, лелея сладкую мысль, что где-то там за горизонтами женщина может позволить себе иметь садовника, домработницу, повариху, оставляя себе право быть просто женщиной. Советский союз канул в Лету, пролетели лихие 90-е, и очень многие построили себе такую жизнь. Иметь домработницу или нянечку стало частым явлением. Пусть далеко не у всех, но среди ваших знакомых обязательно найдутся те, кто так живет, не правда ли? Если вдуматься, раньше это было вообще за гранью реальности. Теперь иметь набор прислуги стало, в том числе, мерилом личного успеха, наряду с дорогими часами и автомобилем. Этот анекдот как-то подзабылся, утратил актуальность, и есть ли райская жизнь заграницей, по крайней мере, в этом ключе, уже перестало интересовать нашего человека. А так ли там обстояло все на самом деле?

Я ничего не знаю о богатых. Я не имела к ним отношения ни в России, не имею и заграницей. Богатые и знаменитые - это лишь шоу на страницах популярных журналов. Можно пролистать и забыть. У очень состоятельной прослойки есть свой набор жизненных атрибутов, которые не сильно отличаются от страны к стране, и объединяет их одно: то, как далеки они от народа. Слишком богатых, равно как и слишком бедных, в Германии меньшинство. Основная масса немцев живет как все, средне. Может, именно поэтому многие довольны жизнью: у тебя есть все, что есть у соседа, ну, плюс-минус, но глобальных отличий не наблюдается. Раз большинство - середняки, то они и задают тон обществу, в частности, то, как выглядит Германия - заслуга именно среднего класса.

В Германии очень долго существовало правило трех "К" - "Kinder, Küche, Kirche" "Дети, Кухня, Церковь". Выходя замуж, женщина становилась заложницей этих "К", и вырваться из них ей было практически невозможно. Женщины не работали, многие не получали высшее образование, не водили автомобилей. Женщины-мамы всегда были дома. Отголоски тех времен слышны и до сих пор. Одна система дошкольных учреждений чего стоит. Ведь лишь относительно недавно появилась возможность оставлять детей в детском саду до целых шестнадцати часов, а еще лет двадцать назад сады были открыты максимум до полудня, и их главной функцией считалась детская социализация, а не возможность женщине-маме участвовать в общественной жизни. Система бабушек не развита. О какой работе в таких условиях может идти речь?

Современное поколение женщин добилось-таки того, чтобы уравнять свои права с мужчинами. На мой взгляд, первое, с чего они начали - это с работы. Замужняя женщина, имеющая детей, очень часто не остается сидеть дома, а выходит на работу при первой возможности, и особенно, если до этого у нее уже была специальность и постоянное место работы. Пусть на неполный рабочий день, но только бы не оставаться дома. И ее можно понять. То, что скрывается под словосочетанием "сидеть дома" ничего общего с глаголом "сидеть" не имеет! Если только его не употреблять в уголовном смысле, но в этих нюансах я не сильна. Поверьте человеку, который побывал по обе стороны "баррикад" и большую часть своей жизни провел в погоне за призрачной карьерой: если сравнивать работу и дом, то ходить на работу в офис легче в разы.

Любая женщина знает: помимо того, что домашний труд многопрофильный, - надо быть одновременно и поваром, и прачкой, и уборщицей, и няней, и воспитателем, и медсестрой, - никто тебе не платит зарплату, у тебя нет конца рабочего дня, нет выходных, отпускных и больничных, твой труд незаметен и не почетен, а чисто убранная квартира при умелом подходе трехлетнего сорванца за считанные минуты превращается в живую иллюстрацию под названием "Гибель Помпеи". Нет возможности переключиться. Ты даже лишен удовольствия, придя домой, растянуться на диване и пожаловаться на зловредного шефа. Кто-то добрый подсчитал, что труд домохозяйки по количеству трудозатрат должен оплачиваться как работа менеджера высшего звена. Должен, но ведь не оплачивается! Обиднее всего из мужских уст в свой адрес слышать: "Отчего ты устала, ты же целый день дома была!" Несправедливо! Вот в ответ немецкие женщины встали и пошли на работу.

Я уже слышу возмущенные голоса: "Они еще и работать пошли! Мало им домашней каторги? Была бы у нас такая возможность - с радостью осели бы дома, ан, нет, приходится зарабатывать, иначе не проживешь. После этого еще и дома вторая смена". Но в этом-то и заключается феномен европейского равноправия. Женщины рассудили логично: раз мы, как и мужчины, тоже ходим на работу, то и домашний труд будет пополам. И у них сработало! Мужчины подхватили эстафету и покорно разделили с женами тяготы быта и воспитания детей. Теперь встретить в городе молодого отца с коляской без женского сопровождения стало в порядке вещей. Папы встают к малышам ночью, одевают, меняют подгузники, кормят из бутылочки. Некоторые из них поднаторели в этом деле настолько, что многим мамам фору дадут. Женщины и мужчины уровнялись в правах на получение отпуска по уходу за ребенком, и кто будет "сидеть дома" решается уже не по половому признаку, а на семейном совете.

Многие мужчины в немецких семьях кулинарят и делают это с удовольствием. Я довольно часто и не без легкой зависти слышу, как на детской площадке мамаши зовут своих чад домой: "Пойдем, посмотрим, что папа нам на ужин приготовил". Те мужья, которых кулинарным талантом Бог обделил, подают семейные завтраки по выходным. А исконно-русское поле для деятельности - огородный участок! Когда у меня проснулся интерес к выращиванию помидоров-огурцов, и я решила спросить совета у своих немецких приятельниц о нюансах возделывания овощей в местном климате, в ответ дамочки, как одна, пожимали плечами: "Посадками занимается муж".

Мне бы совсем не хотелось, чтобы после моих слов у вас сложилось превратное, слишком приторно-положительное впечатление о немецких мужчинах, как о своеобразных золушках в брюках. Нет! Здесь живут обычные люди, с разными темпераментами, разного происхождения и воспитания, с разными жизненными целями и моральными принципами. То, о чем я говорю, можно встретить очень часто, но, конечно, не повсеместно, и уж тем более не все-все-все качества в одном человеке. Но тенденция все-таки есть.

Помыть ли окна или пол, пропылесосить машину, постричь газон перед домом, посадить цветы, - немцы в семье все делают поровну и, что немаловажно, вместе. Никаких домработниц, садовников и прочей мишуры, все сами. Первые четыре мифа старого анекдота развенчаны, остался последний. Только не подумайте, что сейчас я полезу в дела интимные! Отнюдь. Личная жизнь - дело каждого. Хорошие взаимоотношения - это смесь удачи и вложенного труда в нужных пропорциях, и рецепт этой смеси каждый изобретает сам, постоянно добавляя свои ингредиенты. Но, несмотря на все усилия, она может удастся, а может и нет. Только очень тепло становится на душе, когда видишь пожилые пары,- и в Германии таких много, - он и она, лица в обрамлении седых волос, идут по городу, держась за руки.

Вы можете спросить, если все так хорошо, почему же статья называется "Не ходите, девки, замуж"? Некоторые немецкие женщины в погоне за равноправием так разогнались, что остановиться уже не в силах. Они не хотят замуж, не хотят иметь детей. У них все хорошо и все есть. Будущее защищено государством, поэтому рождение отпрысков в качестве пенсионного обеспечения потеряло свою актуальность, а тратить свою жизнь на кого-то еще они не желают. Они наслаждаются одиночеством и долгожданным чувством свободы и власти над жизнью, о чем когда-то мечтали их мамы и бабушки.

Мужчины же заскучали по тихим семейным радостям: детям, домашнему теплу, надежному тылу. Глядя на своих женатых друзей, они, конечно, отпускают шуточки про подкаблучников, но в тайне завидуют им. Найти среди немок спутницу жизни, подругу, которая захочет отдать большой кусок своей жизни во имя создания семьи становится все труднее. Несмотря на то, что немцы женятся в довольно сознательном возрасте, если не сказать поздно, многие пары в Германии складываются чуть ли не со школьной скамьи и живут вместе до тех пор, пока не решат узаконить отношения. Те, кто для поиска партнера свое время упустили, обратили свои взгляды на юг и восток. Нередко можно увидеть возле зрелого бюргера моложавую темнокожую красавицу, или миниатюрную филиппинку, о славянских девушках я уже и не говорю. Справедливости ради нужно сказать, что и рядом с немецкими женщинами все чаще появляются мужья-иностранцы.

Так стоит или нет выходить замуж за немца? Во-первых, если уж выходить замуж, так не "в страну", а за человека. Я скажу так: в браке с иностранцем сложностей поджидает немало. И даже не в языковом барьере дело. Более или менее сносно язык можно выучить за достаточно короткое время. Другое дело, что мужчинам и женщинам трудно услышать и понять друг друга, даже если они говорят на одном языке. Разница в этикете, в поведении, в менталитете, в обращении с деньгами будут проблемами посерьезнее. Немецкий мужчина помнит, что его жена иностранка, но до конца понять, почему она поступает и думает не так, как немки, он не в состоянии. Да и женам некоторые повадки и привычки мужей будут, что обухом по голове, и кто знает, сколько времени пройдет, пока они перестанут болезненно обращать на это внимание.

Стремящихся замуж в Германию, да, наверное, и в любую другую страну Европы, с мыслью о том, что их там ждет образ жизни королевы английской, и после свадьбы ничего делать не придется, ждет сплошное разочарование. За этим лучше к нашим олигархам. Но если вы хотите иметь семью, детей, дом, если человек, с которым вам эта перспектива светит, вам интересен, вы чувствуете его душу и вам приятно быть вместе, вы открыты новому, не боитесь перемен, готовы понимать необъяснимое и прощать, а главное, если вы готовы быть с мужчиной в браке на равных, тогда попытать удачу стоит.

Главный совет один. Он справедлив в отношении любого союза, который вы собираетесь заключить, не важно, кто ваш избранник и откуда: слушайте свое сердце - оно вас не обманет, а ко всему остальному можно привыкнуть.

О детях в Германии.

Врачебное сопровождение беременности и родов. Как это происходит в Германии.

Одна моя приятельница недавно родила дочку. Когда мы пошли ее поздравить, и я увидела этого нового маленького человечка, всколыхнулись дорогие сердцу каждой мамы воспоминания о том, как появился на свет мой собственный ребенок. Ведение беременности в Германии - это несколько иначе, чем в России. Хочу поделиться своими наблюдениями.

Как только вы узнаете о том, что скоро у вас будет малыш, ваш мир меняется навсегда. Мамы меня поймут. Это непередаваемое ощущение, знание, что ты хранишь в себе тайну, которая еще никому не известна, и эта тайна - самое дорогое, что может быть на свете, это - новая маленькая жизнь. Ты знаешь, что сделаешь все возможное, чтобы ее сохранить, чтобы твой малыш появился на свет, был здоров и счастлив.

Обнаружив две полосочки на своем тесте, мы, женщины, идем в поликлинику к врачу. В Германии тоже обращаются к врачу, но не в поликлинику, а в частный кабинет, или, как их называют в Германии, Praxis (Праксис). Поликлиник, как таковых, в Германии нет, есть система праксисов и больницы. У каждого человека есть основной для него врач - Hausarzt - Домашний или Семейный доктор, к которому идут по любому врачебному вопросу. Можно подумать, что Домашний доктор и терапевт это одно и то же, но это не совсем так. Домашний доктор в Германии решает большинство проблем своего пациента: берет анализы, снимает кардиограмму, делает УЗИ - и лишь в действительно необходимых случаях прибегает к помощи специалиста. Беременность - это как раз такой случай.

Попав впервые на прием к женскому врачу с приятным диагнозом "Беременность", женщина получает "Паспорт матери". Это многостраничная типографская тетрадь, которая будет заполняться на протяжении всей беременности. В нее вклеиваются и вписываются все необходимые исходные данные, анализы и анамнез матери, которые необходимы для ведения беременности. Этот паспорт у женщины всегда на руках. Если когда-нибудь она захочет родить еще одного ребенка, то данные, например, о ее группе крови, антителах, сделанных прививках, аллергиях, перенесенных болезнях и прочем, уже будут известны и не потребуют дополнительных исследований. Кроме того, в Паспорт матери в сжатом виде вносятся данные обо всех обследованиях, сделанных в течение всей беременности, результаты текущих анализов будущей мамы, данные о состоянии плода и параметрах его развития: размеров частей тела, частоты сердечных сокращений. Сюда же вкладываются фотографии УЗИ. Вся маленькая жизнь как на ладони!

Женский врач тоже ведет прием в своем частном Праксисе. Праксис обычно располагается в отдельно стоящем небольшом здании, если город маленький, или в части большого административного здания в крупных городах. Интерьеры праксисов оформлены не по-больничному красиво. На стенах картины или фотографии, на подоконниках цветы в горшках и подходящие по стилю керамические украшения. Цвет стен и одежда персонала может быть любого цвета, не обязательно белого, но всегда светлого оттенка: светло-оранжевый, салатовый, голубой. Халаты тоже редкость. Вместо них персонал носит светлые брюки и футболки-поло.

В любом праксисе есть ресепшен, комната ожидания и кабинет для консультаций. Другие помещения, в зависимости от специализации праксиса, – это смотровые, процедурные кабинеты, кабинеты УЗИ и лаборатории. Все анализы и исследования персонал делает в самом праксисе, а полученный биологический материал для исследования отправляется в центральную лабораторию города или округа.

По желанию каждая мама может пройти курсы по подготовке к родам. Проводятся они в другом праксисе, акушерском. Акушерки, работающие в близлежащей больнице, проводят занятия, на которых подробно рассказывают, что и как будет происходить, когда придет время малышу появиться на свет, как мама должна себя вести, что делать, чтобы облегчить свою работу. Я не оговорилась, именно в больнице, а не в роддоме. Роддомов в Германии нет, а в каждой или почти каждой больнице есть лишь родильное отделение, занимающее пол-этажа или отдельный этаж.

Многие пары на такие занятия ходят вместе. Папы принимают активное участие. Почти все из них будут присутствовать при родах, за очень уж редким исключением. При этом они готовятся к тому, что будут играть активную роль: делать женщине массаж поясницы во время схваток, напоминать об упражнениях и правильном дыхании, направленных на облегчение боли, и, конечно же, поддерживать свою жену морально. Из всех наших знакомых я не знаю ни одного, кто по собственной воле отказался бы участвовать в родах. Может быть именно потому, что немецкие мужчины с самого раннего момента очень серьезно относятся к своему малышу, они в дальнейшем столь же ответственно и рьяно занимаются своими уже родившимися детьми.

В рамках подготовки к родам группа будущих родителей имеет возможность посетить родильное отделение в качестве экскурсантов. Так мы с мужем узнали, что в нашем родильном отделении есть четыре родзала: розовый, голубой, желтый и белый. На стенах не кафель, а обои, выкрашенные в соответствующий цвет. И снова нет ощущения, что ты в больнице. Конечно, лишних предметов, как то цветов на подоконнике или развешенных картин, в родзале нет, но вся обстановка, мелкий рисунок на стенах, мебель, создает очень уютное, домашнее впечатление.

Оборудование во всех родзалах практически одинаковое, и только в желтом помимо прочего была специальная расслабляющая ванна а-ля джакузи. Ее разрешается использовать только в случае, если в родах не применяется эпидуральная анестезия. В остальном обстановка всех залов очень похожа: родовое кресло-трансформер, большой спортивный мяч, на который можно облокотиться или попружинить, специальная длинная тканевая петля-канат, подвешенная к потолку, чтобы при желании на ней можно было бы повиснуть, ухватившись руками, отдельный аппарат КТГ (кардиотокография) для оценки сердечной деятельности ребенка в процессе родов, стол со всем необходимым для обработки и первого пеленания новорожденного малыша, и стоящее в стороне передвижное реанимационное оборудование на самый непредвиденный случай.

Акушерка, ведущая экскурсию, рассказывает, как и зачем можно будет пользоваться находящимися в родзале предметами, как себя вести, какие положения можно принимать. Все это делается для того, чтобы рожающая женщина не испытывала дополнительный стресс от того, что оказалась в незнакомой обстановке.

Помню, эта манера немецких врачей и медсестер все объяснять и рассказывать пациенту о предстоящих манипуляциях сильно меня позабавила, когда пришло время моей дочери появиться на свет. Начитавшись умных статей, я надеялась справиться с родами сама без помощи эпидуральной анестезии, но получалось как-то не очень. Для облегчения моего состояния врачи назначили мне капельницу с каким-то физраствором или расслабляющим раствором, точно не помню. Когда я находилась на очередном пике самого что ни на есть болезненного момента, медсестра подкатила капельницу и, нацелившись иглой в мою вену, произнесла: "Сейчас от укола будет немного больно" ... Сказать такое роженице во время схватки - все равно, что предупреждать об укусе комара человека, которому только что аллигатор оттяпал конечность. Комментарии излишни...

Что меня удивило в очень положительном смысле, так это то, что не только врачи, но и почти каждая акушерка в больнице в достаточной степени владела английским языком, чтобы общаться с пациентками, не говорящими по-немецки.

Конечно, когда ты оказываешься в родзале по назначению, все его красоты отходят на последний план. Главное - постараться обеспечить рождение здорового ребенка и не "сойти с дистанции" самой. Наш с дочкой путь был длиною в пятнадцать часов. За все это время рядом был предельно вежливый персонал. Я не слышала слов утешения, это было бы, пожалуй, слишком, но и ни одного грубого или в раздраженной манере слова. Мне сообщали, что все идет хорошо, что я все делаю правильно, надо только ждать. Слаженно, четко, уверенно, выдержанно и профессионально - так работали врачи и акушеры, за что им безмерная благодарность!

Когда дочка родилась, ее обтерли, завернули в полотенце и положили мне на живот познакомиться. Произошел немой диалог глаза в глаза: "Так вот кто девять месяцев дубасил мои внутренности!" - "Так вот как ты, мама, выглядишь снаружи". Акушерка тем временем подготовила браслет для малышки. Детей в родильных отделениях Германии помечают, надев им на ручку пластмассовый браслетик с фамилией родителей. Он собирается из бусинок с буквами. Чтобы полностью обвить ручку ребенка, оставшуюся длину донабирают простыми бусинами: для мальчиков голубыми, для девочек розовыми. Основа браслета - нетянущаяся нить, она именно такой длины, чтобы браслет не причинял малышу неприятных ощущений, но и одновременно такой, чтобы его было невозможно снять, не разрезав саму нить. Потом малыша взвешивают, измеряют, и результаты заносят в Паспорт матери. Ребенка не купают, а лишь обтирают оставшуюся на нем смазку. Считается, что она защитит кожу малыша в период адаптации к жизни на воздухе. Его одевают и дают маме на первое кормление, спросив у нее предварительного разрешения. Да-да, очень многие немки отказываются кормить грудью или делают это лишь первые три-четыре месяца, и все, дальше - только бутылочки.

Все это время папа находится рядом. Чтобы запечатлеть первые минуты жизни своего сына или дочки, он без ограничений может щелкать фотоаппаратом. Единственное условие - отсутствие вспышки. Я не помню, чтобы на моем муже были одеты бахилы или халат, но наш папа был тогда простужен, поэтому подержать дочурку на руках в родзале ему не удалось.

Когда все позади, маму с ребенком кладут на каталку и как особ королевской крови перевозят в палату. Ребенка помещают в специальную высокую кроватку на колесиках - кювету - и забирают от мамы в детскую комнату, чтобы дать ей возможность отоспаться после тяжких трудов. Ведь больше возможности отдохнуть не представится. Поутру нянечка привезет малыша к маме в палату, и все заботы о младенце в течение дня лягут целиком и полностью на мамины плечи. Отдать ребенка под опеку персонала в детскую комнату теперь можно будет только на ночь.

Палата, в зависимости от маминой страховки, может быть рассчитана как на одного-двух, так и на четырех-шести человек. В палате имеется туалет, душ, телевизор. При желании, за отдельную плату у мамы появится городской телефон с отдельным номером: все исходящие звонки с него платные, но бесплатные входящие. Не возбраняется пользоваться и собственным мобильным телефоном или ноутбуком, если, конечно, на это будут силы и время.

Подъем в родильном отделении происходит в семь утра. Приблизительно в это же время в палате появляются две медсестры, которые меняют постельное белье. Смена белья происходит каждый день. Наблюдать, как они это делают - одно удовольствие. Над каждой постелью они работают вдвоем, слаженно, отточенными движениями, будто солдаты почетного караула, и весь процесс занимает от силы минуты две. Они же заносят в палату каждой маме бутылку минеральной воды и листок заказа меню на следующий день. Воду можно брать в неограниченном количестве. В любой момент, даже ночью, каждая мама может выйти в коридор к сестринской комнате и взять оттуда новую бутылку воды и стакан.

Меню незамысловатое. Как и всегда в Германии утром - булочки, сыр, колбаса, масло, джем. В обед шницель, гарнир, салат. Чайная пауза с печеньем или другой сладостью, и ужин. В предложенном бланке меню напротив каждого продукта можно поставить галочку, чтобы персонал знал, что именно вам принести. В положенное время в палату приходит медсестра с подносом, поворачивает к кровати специальный встроенный столик, и роженица может поесть как сидя, так и лежа.

Удивительно, но мамочкам разрешается пить кофе! Его даже принесут вам в палату, посоветуют лишь выпить его сразу после кормления, чтобы к моменту следующего в молоке у мамы осталось как можно меньше кофеина. Здесь вам никто и ничего запрещать не будет. Максимум осторожно скажут или посоветуют, а соблюдать принципы здорового и правильного питания - задача самой мамы.

Кстати, сцеживаться в Германии не учат. Считается, что малыш сам регулирует выработку молока: если он выпил всю порцию, и ему не хватило, то в следующий раз мамин организм выработает молока больше, а если ребенок наелся, и осталось лишнее молоко - следующий раз его прибудет меньше.

В палате есть пеленальный столик, но для ухода за малышом мамы возят его в детскую комнату. Все процедуры с ребенком они проделывают сами, а нянечки подключаются только в виде исключения или с целью научить, если женщина стала мамой в первый раз. В детской комнате есть все для этого необходимое: теплая вода, одноразовые салфетки, подгузники, крем для обработки кожи, одежда, стерильные термометры для измерения температуры новорожденного, стерильные соски-пустышки, накладки на грудь. Все это больничное. Маме нет нужды приносить что-то с собой, а своя одежда малышу пригодится только для выписки.

Рядом с детской комнатой есть комната для кормления. Туда вход разрешен только мамам и персоналу. Прочитав это, вы можете спросить: "Кто же еще есть в больнице, кроме мам и персонала?" И тут начинается самое интересное и самое ужасное одновременно. Дело в том, что в Германии в родильное отделение пускают всех подряд: папу, родственников, друзей, знакомых - всех, кто придет вас навестить! И эти "все", с улицы, не надев халатов, не помыв рук, топают прямо в палату к маме и ребенку. Они приносят подарки, поздравляют, интересуются самочувствием, - это все, конечно, очень мило. Но! По жуткой *(особенно для русской мамы, ведь мы как минимум месяц стараемся не показывать своих новорожденных малышей посторонним)* немецкой традиции, они все, все так же с улицы и, не вымыв рук, лезут в кювету к новорожденному, чтобы потрогать его за щечку или ручки! *(А-А-А-А-А-А-А!!!)* Мое предложение помыть хотя бы руки встречало в глазах пришедших сильное удивление, но когда я сообщала, что в противном случае они смогут приблизиться к ребенку только через мой труп, визитеры покорно отправлялись к рукомойнику. Но и это еще не все! После часового визита и пространных разговоров большинство из них, уходя, норовят сфотографировать младенца "на память". Даже те из них, которые знакомы с родителями лишь шапочно, умудряются выудить из кармана смартфон, чтобы удовлетворить свои папарацционные наклонности. Если защитить своего ребенка от чужих рук мне удавалось не всегда, то уж против фотографий я выступила с железным "нет". Пусть обижаются. Я - русская.

Посетительский поток начинается часов с девяти утра и иссякает только к десяти вечера. Никакого намека на отдых или интимность. Такая обстановка вынуждает многих мам, чьи роды прошли без патологий, а состояние малыша не внушает опасений, сбегать из больницы домой буквально на вторые-третьи сутки после родов. Мне в этом плане крупно повезло. Первые три дня я в палате была абсолютно одна и смогла отдохнуть и полностью насладиться первыми днями материнства. А потом, как раз перед выходными, ко мне подселили соседку, и посетителей стало в два раза больше. Я едва дождалась понедельника, чтобы отправиться домой. Я сбежала бы и раньше, но на выходных домой не отпускают. Перед выпиской малыша должен обследовать главный детский врач, а в субботу и воскресенье его в больнице не бывает.

Ну, и самый интересный вопрос, сколько же стоит роскошь рожать детей в Германии. После родов мы получили счет на сумму около трех с половиной тысяч евро. Как рассказывали мои приятельницы, платные роды в России стоят приблизительно столько же. Но, как всегда, разница в нюансах: для жителей Германии имеющих страховку, все расходы на медицинское обслуживание покрываются страховой компанией, то есть, из своего кармана никто ничего не платит. При желании можно за свой счет дополнительно оплатить пребывание в отдельной палате, что стоит от семидесяти евро в день в зависимости от самой больницы и региона Германии, но этого почти никто не делает, предпочитают раньше вернуться домой. Если беременная женщина оказалась в Германии проездом, и роды застали ее врасплох, помощь ей обязательно окажут, а после выписки из больницы вручат счет. Другое дело, что женщину в положении, особенно на последних сроках, вряд ли пустят в Германию вообще, если у нее не будет на то соответствующей медицинской страховки.

Хочется закончить тем, что не важно где рожать и как, главное - рожать! Главное, чтобы дети были здоровы и счастливы! Быть родителями - это так здорово! С первым криком ребенка все только начинается!

Об именах в Германии. Мода, правила и ограничения. Количество имен одного человека и курьезы имен.

Имя в Германии - der Name - это совсем не то, что мы подразумеваем под именем в России. По очень простой причине: "der Name" в Германии означает и «Фамилию», и «Имя». Для определения же, что же конкретно имеется в виду - имя или фамилия человека - немцы используют слова Vorname и Nachname, что по смыслу приставок Vor *"До"* и Nach *"После"* позволяет говорить, соответственно, об "имени" и "фамилии". В переводе на немецкий, тема этой главы была бы "Detusche Vornamen".

Мода на те или иные имена приходит волнами. Сначала в небытие уходят так называемые "старомодные" имена, а когда общество пресыщается новой волной имен, из забвения возвращаются старые классические имена, обретая вторую жизнь, второе дыхание. Этот процесс происходит в любой стране. Германия в этом отношения не исключение, но у этой страны есть свои особенности.

Несмотря на то, что официальных законов регулирующих имянаречение в Германии нет, здесь существует прецедентное право и ряд инструкций, по которым родителям запрещается давать определенные имена своему ребенку. Так, еще двадцать лет назад автоматически попадали под запрет многие иностранные имена, по которым нельзя было бы однозначно определить пол ребенка. Это все мужские имена, заканчивающиеся на латинское "a", или имена обоих полов, оканчивающиеся на "y". Исключение составляли Тони *(Tony)*, Саша *(Sascha)*, Никола/Николя *(Nicola)*, Эшли *(Eschly)*, Робин *(Robin)*, Андреа *(Andrea)*, а так же для мальчиков имя Мария *(Maria)* в качестве второго имени, например Клаус-Мария. И сегодня, если выбранное имя для ребенка не определяет однозначно его пол, то родители обязаны дать ему еще одно имя, отвечающее этому требованию.

Типично-немецкая традиция имянаречения, уходящая своими корнями глубоко в историю, - традиция давать детям два имени. При этом первое - имя, которое придумывают родители или "званное/названное имя", а второе - имя Крестного отца или Крестной матери, в зависимости от пола ребенка. Человека в этом случае зовут по первому имени, а второе используется только в официальных документах. Между такими именами знаки препинания не ставятся, а сами имена существуют отдельно. Сегодня эта традиция устарела, и то, как зовут ребенка и сколько у него имен обуславливается только личным вкусом его родителей.

Но свято место пусто не бывает, на смену традиции использовать имя крестных в качестве вторых, пришла мода на двойные имена. Двойные имена и два имени - это не одно и то же. Двойные имена пишутся через дефис, и являются как бы одним именем. Отчасти делается это из-за пресловутого правила однозначности пола, отчасти из любви к жанру, но детей с двойными именами становится все больше. При этом при наличии в имени дефиса, обращаться к таким малышам положено обоими именами сразу: Пиа-Мария, Альфа-Алекса, Кай-Уве. Родители дают волю фантазии. У кого она есть, имена получаются красивыми и необычными, а у кого нет - их детишек остается только пожалеть.

На совсем уж курьезные случаи государство накладывает свое вето. Сославшись на прецедентное право и определенные инструкции, работники

Standesamt могут отказать в регистрации того или иного имени для нового маленького члена общества, если родители в погоне за необычностью переходят всякие границы. Действия работников немецких ЗАГСов можно оспорить в суде, и решение суда становится новым прецедентом и судьбой дальнейшей жизни оспоренного имени.

Так, например, по правилам Германии, именем ребенка не может быть географическое название *(Токио или Черновцы)*, торговая марка *(Памперс или Тайд)*, титул *(Принц или Баронесса)* или фамилия *(Петерсен, или Виллимсен)*. Нельзя регистрировать одно или несколько имен ребенка, которые по отдельности или в своем сочетании могут привести к его моральным страданиям. Например, если они дают однозначные ассоциации - Peter-Silie, созвучно слову Petersilie (*с нем. "Петрушка"*) - или такие, которые будут автоматически относить ребенка в разряд "плохих", например, Иуда или Каин. Кстати, в ГДР имя Адольф было под запретом официально, но и сейчас оно остается негласным табу для большинства родителей.

Считается, что нельзя давать ребенку имя Иисус или Христос, так как это может затронуть религиозные чувства окружающих людей. С другой стороны, детей с именем Мухаммед в современной многонациональной Германии пруд пруди, но тут вступают в силу, видимо, совсем другие правила.

По количеству имен тоже есть ограничения: у ребенка должно быть не менее одного, но не более пяти имен. Тире можно ставить только между двумя именами, соединяя их воедино, остальные же будут записываться просто через пробел. Принято, что в одной семье одинаковые имена детям одного пола давать нельзя, но это правило можно обойти, если у каждого из малышей будет как минимум еще по одному имени.

То ли растущая мультикультурность современного общества, то ли какие иные глобализационные процессы тому виной, но работники ЗАГСов регулярно сообщают о том, что тенденция давать необычные имена сохраняется и растет с каждым годом. Ослабляются и другие, еще двадцать лет назад считавшиеся непреложными, правила. Например[1], Леонардо да Винчи или Наполеон, Виннету или Рапунцель в качестве имен были невозможны, а сегодня, если спросить современного малыша: "Как тебя зовут?", их вполне можно услышать в ответ.

Прецеденты растут, множатся, а расхождения в трактовке разрешений и запретов могут запутать любого родителя. Например, именем сказочного гнома Румпельштицхена (*Rumpelstizchen*) сына назвать нельзя, а дочку Белоснежкой (*Schneewittchen*) можно. Дать сыну имя Porsche *(Порш)* нельзя, дочь же запросто может носить имя Mercedes *(Мерседес)*. Kirsche *(с нем. Вишня)*, или Möhre *(с нем. Морковь)* ребенка назвать нельзя, а Apple *(с англ. Яблоко)* можно. Whisky *(Виски)* нельзя, Champagna *(Шампанское)* можно. У родителей все еще нет шансов назвать своего отпрыска Joghurt *(Йогурт)*, Gastritis *(Гастрит)*, Grammophon *(Граммофон)* или Crazy Horse *(с англ. Сумасшедшая Лошадь)*, что, если вдуматься, совсем неплохо.

Считается, что по именам, которые выбирают родители, можно судить об их уровне образования. Население из нижних слоев общества черпают имена из американских фильмов и сериалов, более образованная, а значит читающая часть населения - из романов и классической литературы. Отсюда существующее предубеждение учителей начальных школ против некоторых имен, вроде Кевин и Шанталле. В моем окружении есть пару знакомых учительниц, которые, услышав эти имена, заметно вздрагивают и подкатывают

---

[1] Здесь и далее, список курьезных имен, разрешенных и запрещенных к имянаречению, взят с сайта http://www.rund-ums-baby.de/vornamensuche/kurioses.htm

глаза. Многие говорят о том, что это не имена, а диагноз, а сами дети в своем поведении и воспитании похожи друг на друга, как близнецы.

Безусловно, имя ребенку дается один раз. Изменить его в будущем, конечно, можно, но зачем? Не лучше ли подумать один раз и принять решение, которым можно будет гордиться всю свою жизнь?

Популярные имена в Германии в 2012-2013 годах и старинные немецкие имена. Русские имена в Германии и мода. Как назвать ребенка?

Модное или популярное имя - это другая крайность, которую лично я поставила бы вровень с именами необычными. И та, и другая тенденция может оказать ребенку медвежью услугу. Мода на имена появляется, растет, угасает, проходит. Порой по имени человека даже можно запросто угадать его возраст.

Был у меня такой случай. Как-то раз, когда мы с моим мужем еще не были женаты, случилось нам вместе встречать Новый год. Он решил познакомить меня с двумя своими близкими друзьями. Мы собирались встретиться на дискотеке.

К моменту нашего прихода, его друзья были уже на месте и сидели за столиком. Мы начали знакомиться. Я протянула руку девушке и назвала свое имя. "Таня", - услышала я в ответ. Рядом сидящий парень широко улыбнулся и представился Андреем. Я вытаращила глаза и уже открыла было рот, чтобы заговорить на родном для себя языке, но мой будущий муж как раз о чем-то затараторил с ними на немецком. Я только и успела, что обалдело захлопнуть рот. То, что я услышала, не оставило даже тени намека на русский акцент. У меня не было никаких сомнений, что передо мной абсолютные немцы. Чтобы убедиться окончательно, я осторожно на ушко поинтересовалась этим вопросом у своего будущего супруга. Это действительно были немцы.

А как же Таня? Как же Андрей? Все очень просто. В Германии, где-то в 70-х годах была супер-мега мода на русские имена. Да не просто на русские, а на те короткие варианты, которыми мы пользуемся в отношении длинных или официозных имен. Так в Германии выросло целое поколение девочек с именами Таня *(Tanja)*, Аня *(Anja)*, Катя *(Katja)*, чуть меньше Соня *(Sonja)*, Рита *(Rita)*, Лена *(Lena)* и мальчиков, которых зовут Саша *(Sascha, хотя немцы произносят его с буквы "З", Заша)* и Андрей *(Andrey)*. В отличие от этих имен, имя Антон *(Anton)* никогда не занимало верхние строчки рейтингов, но людей с таким именем можно встретить в любой возрастной категории, от младенцев до зрелых мужчин. Если судить не по языку, а только по именам, то здесь вполне можно было бы чувствовать себя, как дома.

Я уж не говорю про универсальные интернациональные имена, которые есть почти в любом другом языке мира: Анна, Нина, Елена, Ева, Диана, Кристина, Юлия, Яна, Александр, Ян, Денис - и их звуковыми вариациями. Такие имена были всегда, и, если они не занимают первых мест в рейтингах популярности, то в первую двадцатку входят почти всегда.

Вот мы плавно и подобрались к тому, какие же имена в Германии являются популярными.

Надо сказать, что официальной статистики на этот счет в Германии не ведется. Информацию можно собрать по рейтингам и опросам, а также по объявлениям в газете. В Германии после того, как у вас родился ребенок, и у него появилось имя, принято давать об этом объявление в газету. Помимо удовлетворения тщеславия родителей, что имя их ребенка уже появилось в печатном издании, это позволяет им одномоментно оповестить о рождении своего отпрыска всех друзей и соседей. Каждый, кто хочет, может поздравить новорожденного и его маму, зайти в гости и принести с собой маленький подарочек.

Вторым атрибутом такого оповещения становится аист. Фигурку этой птицы вешают на окно или ставят перед входом в дом. Иногда перед домом развешивают на веревке маленькие детские вещички, будто бы на просушку, но на самом деле они означают сигнал: "Здесь теперь живет еще один маленький человек!"

Так как же современные немцы называют своих детей? Я целый год собирала вырезки из газет близлежащих городов. На научный труд, конечно, мои выводы не потянут, для этого маловато статистики, но получить первое общее представление об именах, которые нравятся немцам, вполне возможно. Вот что у меня получилось:

Самым популярным именем для девочки оказалось Мия *(Mia)*. На втором месте Эмма *(Emma)*. На третьем достаточно старинное и возрожденное в последнее время немецкое имя Ханна *(Hannah / Hanna)*.

Четвертое место заняло имя, ассоциации к которому относят меня к кинофильму «Звездные войны» Лея *(Lea /Leah)*. Пятое и шестое место поделили имена Sofia / Sophia/ Sophie/ Sofie *(София, Софи)* и интернациональное Анна *(Anna)*.

Часто встречались Леони *(Leonie / Leoni)* - женский вариант отступившей волны мужского имени Леон, Лина *(Lina)* - сокращенный вариант имени Ангелина, или Анжелина, Мария *(Marie /Maria)* как в качестве второго, части двойного, так и самостоятельного имени, и Нэле *(Nele / Neele)*.

Имена, хоть и не попавшие в первую десятку, но, как мне показалось, очень схожие по звучанию Эмили *(Emily / Emilie)*, Амели *(Amelie)* и Лили *(Lilly / Lilli)* и Лара *(Lara)*, Сара *(Sarah / Sara)*, Клара *(Clara / Klara)*.

Посмотрев на список мужских имен, становится ясно, что у немецких родителей в фаворе короткие и односложные имена. Своих сыновей немцы чаще всего называли Бэн *(Ben)*, Лука *(Luca / Luka)* и Лукас *(Lukas / Lucas)*. Чуть реже Пауль *(Paul)*, Финн *(Fynn)*, Йонас *(Jonas)*, Макс *(Max)* и Матц *(Matz)*. Имя Леон *(Leon)* невероятно красивое, но слегка набившее оскомину из-за своей многолетней популярности, потихоньку уступает свои позиции. Много мальчиков получили имена Максимилиан *(Maximilian)* и Ноа *(Noah)* - в русском языке это имя больше известно как "Ной", - Никлас *(Niklas / Niclas)* и Луис *(Luis / Louis– немецкий вариант французского имени Луи)*.

Из не вошедших в десятку имен, но, тем не менее, достаточно популярными оказались Феликс *(Felix)*, Якоб *(Jakob / Jacob по-русски Яков)*, Ян *(Jan)* и Тим *(Tim)*.

Не могу не привести и старые исконно-немецкие имена, отошедшие на сегодняшний день на дальний план:

Немецкие, классические женские имена:
Гертруд *(Gertrud)*, Марта *(Martha)*, Элеонорэ *(Eleonore)*, Антония *(Antonia)*, Зиглиндэ *(Sieglinde)*, Мехтхильд *(Mechthild)*, Герлиндэ *(Gerlinde)*, Кримхильд *(Kriemhild)*, Брунхильд/-э *(Brunhild/-e)*, Вальтрауд *(Waltraud)*, Хильдэ *(Hilde)*, Эрна *(Erna)*, Хильдэгард *(Hildegard)*, Зигрид *(Siegrid)*, Лизэлоттэ *(Lieselotte)*, Тереза *(Theresa)*, Урзэль *(Ursel)*, Ингэ *(Inge)*, Ингрид *(Ingrid)*, Теодора *(Theodora)*, Изольда *(Isolde)*, Эдельтруд *(Edeltraud)*.

Классические мужские имена Германии:
Эрих *(Erich)*, Херберт *(Herbert)*, Райнхард *(Reinhard)*, Карл *(Karl)*, Вальтер *(Walter)*, Манфред *(Manfred)*, Франц *(Franz)*, Эрнст *(Ernst)*, Густаф *(Gustaf)*, Готфрид *(Gottfried)*, Ханс *(Hans)*, Хельмут *(Helmut)*, Вильхельм *(Wilhelm)*,

Хенрихь *(Heinrich)*, Отто *(Otto)*, Леопольд *(Leopold)*, Готлиб *(Gottlieb)*, Фридрих *(Friedrich)*, Теобальд *(Theobald)*, Вальтрам *(Waltram)*, Вольфрам *(Wolfram)*, Гернот *(Gernot)*, Зигфред *(Siedfried)*, Херибeрт *(Heribert)*, Винфрид *(Winfried)*, Эгберт *(Egbert)*, Эгон *(Egon)*, Эрхард *(Erhard)*.

Кто знает, может через пару десятилетий эти имена вновь наберут свою популярность.

Как же выбрать имя для своего малыша? Самое главное, прежде чем определиться с именем своего будущего ребенка, надо подумать о том, что с этим именем он должен будет пройти всю жизнь. Оно должно будет ему соответствовать во все времена, от младенчества до старости. Погнавшись за модой, можно потерять его индивидуальность. Погнавшись за неординарностью имени, затмить ею личность самого ребенка. Как же быть? Как найти золотую середину? Поговорите со своим малышом, даже если он еще не родился, настройтесь на его волну. Прислушайтесь к тому, как звучат выбранные вами имена, как реагирует на них ваш малыш. Вы удивитесь, но ответ может прийти неожиданно, как если сам ребенок подскажет вам его! И помните: ваш ребенок - самый прекрасный на Земле, потому что он ваш, как ни назови!

О детских садах.

Детские сады здесь сильно отличаются от тех, с которыми мы знакомы на постсоветском пространстве. Во-первых, официальный возраст, с которого берут в детский сад - три года. Точка.

Теоретически можно попасть и в ясельную группу, но это только при соблюдении нескольких условий: чуть ли не быть малоимущим работающим родителем-одиночкой, - но даже это не гарантирует места. Социальные службы скорее предпочтут финансово поспособствовать устройству такого ребенка в интернат, или к так называемой Tagesmutter "Дневной маме", устраивающей что-то вроде детсадовской группы из 5-8 детей на дому. Причем, требования к Дневной маме жесточайшие: она должна иметь педагогическое образование, пройти курсы первой медицинской помощи, иметь дома специальную оборудованную комнату определенной площади для детей, обязательно на первом этаже, чтобы избежать пользования лестницами, иметь отдельный холодильник для продуктов для детей и прочее, и прочее, и прочее; зато и стоимость ее услуг соответствующая. Ей-богу, проще не работать, чем всю зарплату отдавать за содержание ребенка. По этой ли причине, или в совокупности с другими, но очень многие немки вообще отказываются от рождения детей. Правда, в последнее время на фоне повального снижения рождаемости власти спохватились и поставили задачу обеспечить всех малышей двухлетнего возраста местами в детском саду. Первые шаги в этом направлении уже делаются, но серьезные результаты можно будет ощутить году так в 2014.

Записываться в детский сад рекомендуется как можно раньше, и желательно в несколько близлежащих садов сразу. Места в них распределяются по территориальному принципу: для детей своего района - в первую очередь, для всех остальных - в последующую. Поэтому, несмотря на то, что для трехлеток место гарантировано законом, если опоздать с подачей заявления в садик возле дома, свое чадо придется возить в дошкольное учреждение за тридевять земель.

Детские сады по способу организации бывают минимум трех видов: государственные, католические и сады родительской инициативы. И если название первых двух происходит от способа финансирования и патронирования и понятны сами собой, то на обустройстве третьих хочется остановиться отдельно. В бытность поиска садика для моего ребенка, сад родительской инициативы мне попался только один раз. Его на собственные средства организовали родители, дети которых страдают различными отклонениями в развитии. Методика обучения в нем проводится по модели Монтессори. Главный принцип: деление пространства на функциональные зоны, уважение к личности ребенка, совместные со взрослыми занятия исходя из возможностей и желаний малыша. Большую часть занятий проводят по очереди сами родители. Помимо обычной оплаты, которая и без того выше, чем в остальных детских садах, каждый родитель обязан не менее десяти часов в месяц потратить на общественно-полезные работы: уборку залов и территорий садика, мытье посуды, озеленение игровых площадок, мелкий и крупный ремонт и многое другое. Когда, в какое время и что именно он будет делать, каждый выбирает сам и вписывает свою фамилию напротив нужной даты и вида деятельности в общем списке задач. Несомненным плюсом такого детского сада является возможность постоянно наблюдать за поведением своего ребенка, его социальным развитием, общением со сверстниками, особенно если что-то в его развитии вызывает беспокойство. Но отдавать на это столько дополнительных сил, времени и денег есть возможность далеко не у всех.

Между католическими и государственными садиками же, по словам моих знакомых мамочек, глобальной разницы нет. Мой ребенок попал в католический детский сад. Из наблюдений скажу, что монахинь там давно нет, воспитатели обычные, как и везде. Церковные праздники, - Рождество, Пасха, Вознесение и другие - являются выходными по всей стране, и в садике детям объясняют, почему они празднуются. А еще в католических садах детей учат молитвам.

Помню, на первом родительском собеседовании мне дали послушать записанную на диктофон обеденную молитву, которую читала моя дочь. Было очень неожиданно! Но трогательно и приятно. Я не оговорилась, не на собрании, а именно на собеседовании. Родительские собрания тоже проводятся. На них решаются исключительно организационные вопросы. Например, стоит ли приносить детям в детский сад зубную щетку, сколько денег собирать на фрукты или какие вещи нужны на спортивные занятия. Обсуждать поведение или развитие вашего ребенка при всех никому и в голову не придет. Для этого существуют родительские собеседования. С глазу на глаз. Они устраиваются раз в полгода и длятся около получаса. Когда малыш первый раз приходит в садик, на него заводится папка. В нее собираются подробные отчеты воспитателей о его развитии и социальной адаптации, творческих наклонностях и интересах, результаты языковых тестов, фотографии и видеозаписи групповых занятий с его участием, поделки и тематические рисунки вашего ребенка, и многое другое. Когда малыш пойдет в школу, эту папку ему отдадут, а пока познакомиться с ее содержимым можно только на родительском собеседовании. В случае, если что-то в поведении или развитии малыша требует вмешательства, воспитатели вам сообщат и дадут совет, как действовать. В остальном, вам в очень доброжелательной манере расскажут о том, как живет ваш малыш, когда вас нет рядом.

Плата за детский сад взимается по прогрессивной шкале и зависит от годовых доходов семьи и количества часов пребывания ребенка в детском саду. Шкала утверждается местными властями и от региона к региону отличается незначительно. Сумма хоть и не такая уж и маленькая, но вполне подъемная. Из дополнительных затрат: раз в полгода около десяти евро на фрукты и для обедающих детей около двух евро в день на питание.

Детсадовский год начинается одновременно с учебным годом. Правда, не с фиксированного 1-го сентября, как на постсоветском пространстве, а с "плавающей" даты в августе, отличающейся от региона к региону по Германии. Как и в школе, в саду бывают каникулы, но не 4 раза в год по одному в сезон, а только рождественские и летние, и они намного короче школьных.

Группы в садах разновозрастные, то есть и новички, и те, кто на будущий год станет первоклассником, находятся вместе. Бывают в группах и дети с так называемыми ограниченными возможностями и отставанием в развитии *(исключая совсем уж тяжелые случаи, когда без специнтерната не обойтись)*. Так младшие учатся у старших *(правда не всегда хорошему, но это отдельный разговор)*, старшие - помогать младшим, все вместе - поддерживать слабых, а слабые автоматически не чувствуют себя ущербными.

У каждой группы есть две свои смежные комнаты. Первая - где проходит основная жизнь, игры, занятия, и вторая - что-то вроде склада. Утро начинается с завтрака, причем едят то, что мама дала с собой. От детского сада предлагаются только напитки, йогурт без наполнителя, мюсли, орешки, изюм, да и то, при условии, что ребенок предварительно съест все принесенное с собой из дома. Если малыш закончил завтракать, он должен отнести свой ланч-бокс в рюкзачок, чашку на специальный поднос и после этого, дожидаясь остальных, заняться чем-то для себя интересным: порисовать, поиграть в настольные игры, собрать паззл, полазить в игровом домике. Когда всеобщий прием пищи закончен, лишние столы из игровой комнаты воспитатели выносят на "склад" или, если позволяет пространство, просто сдвигают в сторону, и группа переходит к развивающим занятиям и играм. Что именно там в это время происходит я, к сожалению, еще не выяснила, уж слишком мал наш стаж пребывания в детском саду, но то, что занятия в принципе проходят, я узнаю по периодически вывешиваемым в общем коридоре фотографиям. Фотографии пронумерованы, и каждый родитель может заказать понравившиеся, записав их номера и свою фамилию на специальном листке.

Спален в саду нет вообще, а только одна на весь сад релаксационная комната устеленная матами и подушками. И тому есть свое объяснение: детский сад работает самое позднее до 16 часов. При этом существует три схемы пребывания ребенка в детском саду: первая - с 7:30 до 12:00, вторая - с 7:30 до 14:00, третья - с 7:30 до 16:00, и четвертая совсем не понятная для моих советских мозгов схема - с 7:30 до 12:00, потом забрать домой, и снова привести с 14:00 до 16:00. Поэтому о дневном сне речь и не заходит. Кстати, схему можно поменять только один раз в год, с начала "учебного" года, да и то, при наличии определенной доли везения.

После обучающего блока дети одеваются и выходят играть на улицу. Играют все группы сада вперемешку. Как воспитатели разбираются, где кто - не знаю. Видимо, следят за всеми сообща. Точно как в мультике про осьминожек, помните? Папы пошли гулять с детьми, но малыши постоянно меняли цвет, и поэтому папы перепутали, где чьи. Только когда пришли мамы, дети как-то "рассортировались" сами. Так и здесь, в 12 часов приходит первая порция родителей - заканчивается первая и третья "схема пребывания" - и детсад ополовинивается.

Оставшаяся ребятня возвращается в группу, моет руки и приступает к обеду. После еды тихие и спокойные игры. В 14 часов родители разбирают по домам детей из "второй схемы" и в этом же время возвращаются дети из "четвертой" (*которые приходят в сад два раза в день*). В саду наступает время тематических занятий: творческих, спортивных, музыкальных и прочих. Но о них я знаю пока лишь в теории, так как в этом году мой ребенок попал лишь во "вторую схему".

Ну, а в конце хочется добавить, что в 16:01 сад замирает: замки закрыты, окна зашторены, и если там еще и осталась какая живая душа, то с улицы этого обнаружить невозможно. Пунктуальность превыше всего, на то это и Германия.

Как немцы воспитывают своих детей.

Говорят, все мы родом из детства. Самые светлые воспоминания и самые горькие обиды, все наши комплексы - все это оттуда. Обижаясь на родителей, мы вырастаем уверенными, что своих-то детей мы уж точно будем растить по-другому. Но, когда приходит время, мы повторяем ошибки своих родителей, и теперь уже наши дети растут с мечтой, что их дети станут когда-нибудь самыми счастливыми малышами на свете.

Наверное, это часть жизненной спирали, часть общества. Чтобы понять, что нас ждет в будущем, как устроено общество изнутри, нужно обратить свой взор на детей.

Немцы относятся к своим детям особенно, совсем иначе, чем привыкли мы. Когда оказываешься в стране в первый раз, это невозможно не заметить. Во-первых, рождаясь здесь, ребенок не превращается в пуп земли для своих родных и домочадцев, а становится частью коллектива. Почти с первых часов его жизни вокруг него толпятся взрослые, родственники, друзья и знакомые родителей. Его берут на руки, фотографируют, с ним играют его старшие братики и сестрички, которые сами едва ли на полтора года старше самого новорожденного. Если в доме есть собака, а это довольно частое явление, то животное от ребенка не ограждают, и нередко четвероногий друг может вылизать ручонки или мордашку нового маленького человечка. Порой кажется, что родители и сами не придают большого значения появлению еще одного члена семьи. Жизнь родителей, в частности мамы, после рождения отпрыска не заканчивается, не меняется глобально, а продолжается в полной мере. Родители носят малыша с собой в автолюльке, кенгурушке, привязывают к себе слингом, и ведут себя как обычно! С детьми путешествуют, занимаются спортом, ходят по магазинам, к врачам и в гости. Помню, первый шок к такому отношению к детям постиг меня на моей собственной свадьбе, когда в ресторане уже хорошо к полуночи, я вдруг заметила, что к одной гостье слингом был привязан пятимесячный младенец. Молодая мамочка общалась с людьми, танцевала, пила и ела, получала удовольствие, а малышка все это время преспокойно спала у маминой груди.

Первое, на что обращаешь внимание в отношении немцев к своим детям - это то, что последние их не раздражают. Родители на детей не кричат, не одергивают, не повышают на них голос. Малыши могут делать что хотят, прыгать, пачкаться, орать, а их родителям хоть бы хны. Со стороны такое отношение может показаться безразличием, культивированием вседозволенности, но это далеко не так. Воспитательный процесс идет постоянно через собственный пример, запреты, похвалу и объяснения.

Немцы своих детей постоянно хвалят. Не важно, с чем справился маленький человечек: перешагнул через ступеньку, залез на шведскую стенку, вовремя попросился на горшок, или смог сам достать из сумки свою бутылочку с напитком; - реакция родителей однозначная и одобрительная: "Super!", "Primer", "Du hast es schafft!" "Super machst du das!" - "Супер!" "Первоклассно!", "Ты с этим справился!", "Ты это отлично делаешь!". Но если малыш что-то сделал не так или полез туда, куда не следует, то мгновенно раздается хлесткое родительское "Nein!". В отношении детей оно идентично русскому "нельзя", и в зависимости от степени запрета это слово можно услышать во всей палитре интонаций, от спокойной, до угрожающей. Малыши тоже не отстают. Они с пеленок учатся иметь собственное мнение, и родительскую опеку в свою очередь тоже категорично парируют своим детским "Nein".

Немцы принимают детей всерьез. Если вдруг ребенок захочет чем-то поделиться, о чем-то рассказать, то родители прервут собственные дела и с очень серьезным видом будут выслушивать детскую чепуху, лишь изредка добавляя по тексту слова ободрения, или, и того реже, помогая своему чаду правильно выразить мысль. Разговаривая с ребенком, родители делают это не с высоты своего роста, а присев рядом с малышом на корточки, чтобы смотреть ему прямо в глаза, быть на равных.

В выражениях своей любви немецкие родители очень сдержанны. Своих детей они почти не целуют, по крайней мере, этого не увидеть на людях. Самое нежное обращение "Schatz" ("Сокровище") настолько повсеместно и единообразно, что стало почти безличным. Телесный контакт очень скупой, как с целью одобрения, так и тем более с целью наказания. В Германии детей бить нельзя. Поколение бабушек еще может вспомнить воспитательные порки своего детства, но со временем физические наказания перешли в разряд табу. Понятное дело, что еще никто не вырос, не получив хотя бы одного шлепка по попе, но современные немецкие родители изо всех сил стараются этого не делать. Я уж не говорю о том, что получив хороший нагоняй ребенок может обратиться за помощью в Jugendamt, аналог нашего Отдела по делам несовершеннолетних, и если делу дадут ход, тогда пиши пропало, мало родителям не покажется.

Тем более, не дай вам Бог дотронуться в Германии до чужого ребенка, даже если он нашкодил или сделал вам гадость! Ему даже выговаривать ничего нельзя, и вам очень повезло, если рядом окажутся его родители и они, в свою очередь, отреагируют адекватно. Наверняка, в жизни найдутся моменты, когда телесный контакт будет оправдан, будь-то во спасение, или в целях самозащиты, но общее непреложное правило гласит именно так: "руками никого не трогать!". Это настолько сильно вошло в плоть и кровь современных взрослых, что даже если вы на приеме у врача или на спортивных занятиях, где физический контакт между малознакомыми людьми подразумевается сам собой, можно заметить, какими осторожными, медленными и оттого даже неловкими будут прикосновения.

Мы с дочкой как раз ходим на «Спорт для дошкольников». Занятия очень похожи на старую добрую школьную физкультуру, с той лишь разницей, что в уроке принимают участие не только дети, но и их родители. Отличный полигон для желающих понаблюдать за отношениями взрослых и детей. С первого взгляда может показаться, что родительницы в общении между собой даже не замечают своих детей, не обращают внимание на ор стоящий в зале. Но стоит их малышу залезть на снаряд не по очереди, а перед другим ребенком, мамаша в два пантерьих прыжка оказывается рядом и оттаскивает свое чадо со словами: "Лара (*Миа, Ханна, Клара*) стояла раньше тебя, будь воспитанным мальчиком, не лезь вперед!" Уважение к ближнему и вежливость вдалбливается в головы юных немцев с пеленок. Детишки постарше эти правила уже знают, и очень трогательно наблюдать, как они помогают младшим разобраться, где чья очередь.

После занятий, в раздевалке, набегавшиеся и проголодавшиеся малыши накидываются на взятые с собой печенюшки и яблочки. Утолив первый невыносимый после физической активности голод, они берут свои коробочки со снедью и идут делиться. Это уже ритуал. Угощают всех и вся и получают угощение в ответ. Мамы и папы же неотступно следят, чтобы дети непременно и каждый раз употребляли конструкцию "Danke"-"Спасибо" и "Bitte" - "Пожалуйста". И обязательно хвалят, если малыш все сделал правильно.

Процесс одевания тоже очень показателен. Детей с самых ранних лет поощряют к самостоятельности. К сожалению, этот процесс невозможен без чугунного родительского терпения. Здесь взрослые это умеют, как нигде. Они могут не один десяток минут спокойно стоять и ждать, пока их двухлетний малыш сам натянет на ножки ботиночки или носочки. Само воплощение терпения и терпимости, и только слова ободрения и похвалы. Если малыш капризничает, не хочет одеваться или у него не получается, мама, конечно, может помочь, но она непременно показывает, что ребенок должен учиться делать это сам. Если ему на это требуется больше времени, то оно у нее есть. "Ich habe Zeit" - аналог "я не спешу" слышно сплошь и рядом.

Конечно, родители - обычные живые люди, со своими слабостями и недостатками, не ангелы, а значит, имеют право на плохое настроение, ошибки, заблуждения. Говорят, что чем восточнее, тем сильнее меняется отношение к детям в сторону нам более привычную, с одергиванием, покрикиванием и прочими издержками воспитания. Не знаю. Здесь вокруг себя я вижу другие примеры. Мне бесконечно приятно наблюдать за тем, как здесь в детях уважают личность. Так хотел бы вырасти каждый из нас, так и я хочу вырастить своего ребенка.

В заключении к теме воспитания детей как нельзя лучше подойдет одна немецкая пословица, почти девиз, под которым живут родители современной Германии: "In der Ruhe liegt die Kraft, die uns Gott gegeben hat" "В спокойствии сила, которую дал нам Бог".

Рассуждения на тему сосок и подгузников. Так ли это страшно? Отношение к этому родителей в Германии.

Недавно в блоге мне задали вопрос, который очень актуален для меня.
"Вот очень хочется узнать (...): почему дети [в Германии] до 5 лет с пустышками ходят и в колясках их возят? Почему детки очень долго в "памперсах" ходят? Что говорят по этому поводу немецкие мамы или педиатры?"

Ответить в двух словах не получилось, поэтому я решила посвятить ответу отдельную статью.

Как вы уже знаете, свою дочь я родила здесь, в Германии. Мне тогда было 34 года, поэтому к ее появлению на свет я отнеслась со всей ответственностью и сознательностью. Как и любая мама, я была готова делать все, чтобы малышка росла здоровой и счастливой. Но одно дело быть готовой, а другое - знать конкретно, что нужно делать. Ни одна мама, живущая в социуме, еще не родила своего ребенка одна: с ней всегда опыт поколений в лице ее родителей, медперсонала, подруг, уже имеющих детей. У меня этих социумов было целых два: русский и немецкий. В вопросе рождения и воспитания детей, и в том и другом подходе можно найти как положительные, так и отрицательные стороны. Хочу поделиться своими соображениями на этот счет.

Начнем с того, что человек - это в первую очередь вид биологический. От остальных живущих на земле существ нас отличает только наличие разума, морали, воли и способности созидать. Это в животном мире выживает только здоровое потомство, а нежизнеспособное или с отклонениями в развитии - гибнет. Человек же научился обходить законы природы. Теперь, если младенец родился больным, то его можно вылечить, и если не полностью излечить, то хотя бы более или менее сносно продлить его жизнь. В случае рождения малыша с отклонениями в развитии, сознательное вмешательство взрослых в его существование и тотальный контроль необходимо как воздух, потому что от их действий зависит его жизнь. Это даже не обсуждается. Но как быть с совершенно здоровыми детьми, которых рождается подавляющее большинство? Каким задумала природа путь их развития?

Испокон веков, после рождения младенцу нужны две вещи: защита от "врагов" и питание. Все это предоставляет ему мама. Сам он продолжает ежедневно развиваться, обрастая новыми способностями и навыками, пока к определенному возрасту он не сформируется настолько, что сможет выжить самостоятельно.

Пока младенец был в утробе, никто не ставил под сомнение то, что на первый этап развития ему потребуется девять месяцев времени. Зачав ребенка, мать сознательно не делала больше ничего такого, чтобы, к примеру, создать у него легкие, печень с правильными функциями или чтобы научить его как-то определенно двигаться. Природа это делает сама, по заданной программе. Тут все понятно и сомнению не подвергается. Более того, каждому ребенку для развития необходимо свое время. Любая мама знает, что беременность длится не просто девять месяцев, а 40 недель, а если еще точнее, то от 38 до 42 недель. Разброс показателя зрелости в целых четыре недели!

Аналогично бы продолжать и после рождения, но тут, к сожалению, дела обстоят совершенно не так. Почему-то после его рождения, вооружившись некими усредненными данными, многие взрослые начинают "диагностировать" отклонения в развитии малыша по тому, насколько рано или поздно он начал сидеть-ходить-говорить-справлять нужду в горшок?! Вот и первое отличие социума русского от социума немецкого: этим "диагностированием" особенно грешат русские мамочки.

Немки помнят, что для завершения каждого из этапов развития ребенку нужно свое индивидуальное время, которое должно укладываться в рамки физиологической нормы. Как в случае с беременностью, помните? Они руководствуются именно этим фактором, а не соревнованием "мой малыш раньше". Если ребенок в чем-то в рамки не укладывается - бегом к врачам и психотерапевтам. Если укладывается – родители расслабляются и получают от жизни удовольствие.

Я больше скажу, эти русские соревнования "кто раньше" я лично считаю преступлением против материнства. В первый раз родившая мама испытывает бурю эмоций и ощущений. Ее чувства в этот момент - это не любовь к своему малышу и всему человечеству, как принято считать, хотя невероятный прилив счастья и чувство совершенного Дела-Всей-Жизни она, несомненно, ощущает. Всепоглощающая любовь обязательно придет, но несколько позже, а пока мамой правят инстинкт сохранения рода, гиперответственность за жизнь и здоровье малыша, гормональные и психологические перегрузки и усталость. У мамы еще нет опыта, и даже если она начиталась умных книг, то знать наверняка, что она будет испытывать, и как ее организм будет на это реагировать, она не может. Я не имею ввиду прелесть или ужасы самих родов, я говорю о послеродовом периоде. Длиться он порой очень долго, у некоторых мам до нескольких лет. Его нельзя увидеть, а значит и нельзя узнать, что он закончился. И особенно в этот период любое слово, сказанное в адрес малыша, особенно с негативным или сравнительным (не в пользу ее ребенка) подтекстом, наносит матери дополнительную глубокую душевную рану.

Почитайте, все материнские русскоязычные форумы пестрят вопросами, а на самом деле, завуалированными криками души: "Моему Петеньке 4 месяца, а он не сидит"! Варианты: "10 месяцев, а не ходит", "18 месяцев, а не говорит", ну, а про "не писает в горшок", так это вообще беда всех бед. Знаете почему? Если на первые три пункта мать повлиять никак не может, и задумываясь о них она лишь испытывает страх возможных отклонений в развитии ее ребенка, то считается, что "ходить на горшок" можно научить или выдрессировать. Тут на арену выходят совсем другие чувства: угрызения совести (*мне не хватает воли, чтобы научить*"), ощущение собственной никчемности (*"я даже на горшок ходить научить не могу, какая я мать?"*), досады (*"что ни делаю, а он все равно за шторой в памперс какает!"*). Мать выбивается из сил, а малышу хоть бы хны, ведь он-то всего лишь не дозрел! Ему время надо, чтобы импульс от полного мочевого пузыря доходил до нужного участка головного мозга и не промахивался! Родители стараются всеми силами этот процесс ускорить, но это ведь невозможно, как невозможно уговорами остановить льющий с небес дождь!

Вот, прямо уже слышу возражения старшего поколения бабушек: "у нас памперсов не было, наши дети с 5-ти месяцев писали в баночку по команде пись-пись", и последующий всенепременный приговор: "памперсы – зло!" Так-то оно так, да только эти бабушки забыли или умалчивают о том, сколько бессонных ночей им пришлось провести до того момента, как дрессировка дала первые плоды. Сколько еще ночей прошло на границе сон-бодрствование, чтобы вовремя эту баночку подсунуть. У них был железобетонный стимул: отсутствие автоматических стиральных машин и самих этих "памперсов"! Не успел к ребенку с баночкой - будь добр стирай (*причем руками и детским мылом, которое в перестройку, например, было невероятным дефицитом*), а потом думай, где посушить, особенно в условиях коммунальных квартир или Дальнего севера. Окажись я на их месте, я бы тоже не спала ночами, лишь бы выработать рефлексы у ребенка, или, что гораздо более вероятно, у себя, по часам замечая "ритм" появления испачканных пеленок. Это еще только рефлексы, как у собаки Павлова. Импульс "кишечник-мозг" заработает у малыша позже, когда придет время.

Но, слава Богу, прогресс идет вперед. Конечно, жить при свечах и в землянке, стирать воду в проруби можно и сейчас, но только в качестве философии жизни отдельно взятого индивида. С точки зрения цивилизации это уже не актуально. Поэтому, дорогие наши бабушки, поверьте: памперсы - это спасение! Это избавление матери от излишней физической и психической нагрузки, расслабьтесь сами и не мучайте своих дочерей и невесток!

У нас с дочкой было все точно также. Общаясь со своими немецкими подругами, я чувствовала себя счастливой мамой, ведь у меня такая хорошенькая, подвижная и веселая малышка! А после обмена опытом со своими соотечественницами я не находила себе места. Как, она села только в 8 месяцев, а пошла в 14? Тут что-то не так. В 2,5 года не может связать двух слов - какой ужас! Я мучила себя, своего ребенка, трясла как грушу педиатра, чтобы он сказал, что делать, помог повлиять, но он только улыбался, глядя на мою сияющую и активную дочурку, и говорил: "Терпение. Ваш ребенок здоров. Все будет в свое время!" И действительно, заговорила она к трем годам, но зато на двух языках сразу.

Так же тяжело было и с делами горшечными. Несмотря на все усилия и раннее знакомство с горшком, делать делишки в памперс он нам не мешал. Дочка воспринимала его как мамину игрушку и повод для веселой игры в догонялки. Попадали мы в него, только если правильно сходились звезды на небе. А к трем годам (*как раз ко времени соответствующего физиологического развития*) дочурка вдруг обнаружила, что это очень даже полезная штука, и подгузники ей стали больше не нужны. По крайней мере, днем. Для полного отказа от них потребовался еще один год. Причем произошло это по ее собственному желанию, и именно так, как мне и рассказывали мои подруги-немки: за одну ночь, будто тумблер переключили.

С тех пор (*эта дата записана у меня в календаре, как праздник!*) прошло 7 месяцев. Я поделилась своей радостью с врачом. Он меня поздравил и сказал, что физиологическая норма для отказа от ночного подгузника как раз в среднем 4 года, а для мальчиков так и до 5-ти лет тоже нормально. То есть, волноваться не было повода! Я почувствовала себя обманутой! Столько страданий, переживаний, терзаний, усилий, и зачем? Чтобы все произошло "само"!

Из "проблем" у нас осталась одна - соска. Кстати, очень многие немки, особенно если их новорожденный относительно спокоен, не дают малышу пустышку вообще. Малыши так и растут, не зная о существовании этого предмета. Еще в родильном отделении я обратила внимание, что пока отдыхает мать, малыш может надрываться от крика, находясь в детской комнате, а персонал же будет это терпеливо слушать, но никто не осмелится дать ему пустышку, если мать не дала на это своего разрешения. Мы с мужем пошли по пути наименьшего сопротивления, и спасительная соска была для нас обеспечением коротких периодов затишья.

Время шло, а чтобы успокоиться или заснуть вечером, соска оставалась нужна. Уговоры и объяснения не помогали. Попытки отнять пустышку или спрятать ее приводили к плачу. Не к капризам, нет. К настоящему горю! Войну с соской я вела постоянно, но только после чудесного одномоментного избавления от ночных подгузников я оставила ребенка в покое. Нет, я продолжала антисосочную пропаганду, но делала это уже без душевного надрыва и готовности при любом удобном случае "входить в горящую избу".

Вот, буквально на днях, дочурка подошла ко мне с рисунком: "Смотри, мама, это - карета и лошадь для моей Барби. А это - соска". Соска на рисунке была большая, чуть ли не больше самой лошади, и я удивленно подняла брови. Дочка тем временем продолжала: "Я отправлю этот рисунок Деду Морозу, чтобы он подарил мне такую карету, а я отдам ему за это свои соски. Ведь я уже большая, мне соска не нужна". Сказать, что моя душа возликовала - ничего не сказать. Я дождалась! Ребенок и до этого дозрел сам!

Оглядываясь назад на все эти 4 года, я испытываю сожаление: если бы я только знала, что все, что мне говорят врачи, пишет потрясающий педиатр Комаровский, рассказывают немецкие подруги - все это правда! Если бы я не гналась за: "мой Вася пошел в девять месяцев, а в 12 прочел Евгения Онегина", - сколько душевных сил можно было бы сэкономить! Насколько радостнее и счастливее были бы эти годы! Наши годы, мои и моей дочурки!

Как видите, заданный вопрос оказался для меня крайне важен, я разговорилась, и я очень благодарна, что вы дочитали эту главу до конца. А вдруг мой опыт пригодиться и вам?

Не раскрытым остался только вопрос, касающийся колясок, но тут все гораздо проще, поэтому и ответ будет гораздо короче. Дети, особенно когда им становится скучно, быстро устают. У родителей есть два варианта: носить 17-20 килограмм "на ручках" (*плюс сумка со всем необходимым*), либо взять с собой коляску, повесить на нее ссобойчик, а когда чадо устанет, оно может усесться туда, не нагружая позвоночник родителя. Заставить силой сесть в коляску здорового, выспавшегося, активного малыша невозможно, поверьте. Если он сел туда сам - значит ему надо. Точка. Когда-нибудь он вырастет, будет ходить в походы, покорять горные вершины, а пока пусть набирается сил, купается в этом счастливом времени, когда для счастья нужно только то, чтобы рядом с ним была мама - любящая, сильная, спокойная, уверенная и счастливая!

О некоторых праздниках в Германии.

Выходные и праздничные дни. Календарь.

Когда-то, давным-давно, когда Новый год в России праздновался только два дня, вместо 4-го ноября отмечалось 7-е, а в школах учились и по субботам, определить, каким будет наступающий год, "хорошим" или "плохим", можно было по календарю. Для этого нужно было взять календарь наступающего года и посмотреть, сколько праздников выпадает на воскресенье. Если мало - год будет хорошим, а если много... В общем понятно.

Потом праздники стали переносить, менять местами пятницы и понедельники, майские переносить на новогодние, и необходимость всенепременной проверки календаря наступающего года отпала сама собой. Теперь, если судить по старому правилу, у нас каждый год должен быть хорошим!

Германия от России в этом плане безнадежно отстала. Никаких тебе праздничных переносов, в календарь наступающего года смотрят все, как один, и особенно обидно, если на выходные выпадает самый любимый праздник года - Рождество.

Задумавшись на эту тему, я решила выяснить, а сколько же вообще в Германии праздников, и чему они посвящены.

Начнем с того, что здесь праздники условно делятся на три группы: государственные, церковные и прочие, я их назову "народные".

Государственные, само собой разумеется, распространяются на всю Германию без исключения, например День Труда 1-го мая, или День единства Германии 3-го октября. Тут все понятно, чего не скажешь о праздниках церковных.

В современной многонациональной Германии живет огромное количество приверженцев самых различных религиозных течений и конфессий, но двумя основными и самыми крупными являются католицизм и евангелизм (*лютеранство*). В зависимости от того, какая конфессия в той или иной земле Германии является превалирующей, церковный праздник бывает либо выходным, либо будним днем. Например, 31 октября - День Реформации - празднуется большей частью на евангелическом востоке, а 1-е ноября - День всех святых - наоборот, больше на католическом западе. Есть и такой праздник, который вообще отмечается только в одном городе Германии в городе Аугсбург в Баварии. Это Friedensfest, который можно перевести как "День мира".

Большинство церковных праздников не имеют фиксированной даты. Как и в православной церкви, время их празднования вычисляется по церковным календарям. Некоторые из них "привязаны" к определенному дню недели, то есть всегда выпадают на него, например, Страстная пятница или Пасхальный понедельник.

Третья группа праздников, я назвала ее народной, но наверняка она называется как-нибудь по-другому, если вообще имеет название. Сюда относятся карнавалы, народные гуляния, заимствованные праздники, такие как Хэллоуин или те праздники, которые всегда выпадают на выходные, например, День Матери или День Отца. День Матери был учрежден еще во времена национал-социализма в 1934 году и празднуется до сих пор, но он всегда выпадает на воскресенье в противовес нашему «фиксированному» 8-му Марта. Кстати, о существовании и истоках празднования "нашего" 8-го Марта немцы знают, но не придают ему особого значения. О нем почти и не вспоминают, кроме, разве что, тех, кто держат цветочные ларьки. Русских в Германии много, и цветочники ждут этот день с нетерпением, заранее предвкушая колоссальную выручку. Некоторые даже учат к этому дню несколько русских слов, чтобы порадовать своих покупателей.

А вот День Отца никогда и никем не учреждался. Папам стало обидно, что у мам есть праздник, а у них нет. Чтобы устранить дискриминацию по половому признаку, они решили отмечать День Отцов в четверг, в день Вознесения Господня. Папы собираются небольшими группками, устраивают туры на велосипедах, идут в боулинг, в паб, с пивом или без - в общем, устраивают себе мужской день отдохновения.

Розенмонтаг или Понедельник Роз (день Карнавального шествия) - является фактически нерабочим и праздничным, хотя официально его таковым никто не признавал, и он до сих пор считается нормальным рабочим днём. Правда и сам Карнавал отмечается далеко не повсеместно. Три самые известные своими карнавальными гуляньями города - Кельн, Дюссельдорф и Майнс.

Чтобы лучше разобраться во всей этой праздничной чехарде, наглядно увидеть что, где и когда происходит, я составила вот такую таблицу.

Название	Фиксированная дата	тип	где	Выходной	в 2013 году
Новый год Neujahr	1 января	♛	повсеместно	✲	
Праздник трех Волхвов (Крещение) Heilige Drei Koenige	6 января	†	Баден-Вюттенберг, Бавария, Саксония-Анхальт	✲	
Понедельник роз Rosenmontag	понедельник	† ♥	в городах Кельн, Майнс, Дюссельдорф	✲ ⊙	11 февраля
Страстная пятница Karfreitag		†	повсеместно	✲	29 марта
Пасха Ostern		†	повсеместно	✲	31 марта
Пасхальный понедельник Ostermontag		†	повсеместно	✲	1 апреля
День Труда Maifeiertag	1 мая	♛	повсеместно	✲	
Вознесение Господне Christi Himmelfahrt	четверг	†	повсеместно	✲	9 мая
День отцов Vatertag	четверг	♥	повсеместно	✲	совп. с Вознесением
День Матери Muttertag	воскресенье	♥	повсеместно	✲	12 мая
Троица, День Святого Духа. Pfingsten	воскресенье	†	повсеместно	✲	19 мая
Понедельник Троицы Pfingsten Montag	понедельник	†	повсеместно	✲	20 мая
Праздник тела Христова Fronleichnam	четверг	†	где католики	✲	30 мая,
День мира Friedensfest	8 августа	†	Аугсбург в Баварии	✲	
Успение Богородицы Maria Himmelfahrt	15 августа	†	земля Саар и Бавария	✲	
День единства Tag der Deutschen Einheit	3 октября	♛	повсеместно	✲	

Название	Фиксированная дата	тип	где	Выходной	в 2013 году
День Реформации Reformationstag	31 октября	†	Саксония-Анхальт, Бранденбург, Тюрингия, Мекленбург-Передняя Померания, Саксония	✹	
Хэлоуин Helloween	31 октября	♥	повсеместно, заимствован.	☉	вечером с 19 часов
День всех святых Allerheiligen	1 ноября	†	Баден-Вюттенберг, Бавария, Северный-Рейн-Вестфалия, Райнланд-Пфальц, Земля Саар	✹	
День Святого Мартина Martinstag	11 ноября	†	повсеместно	☉	
Начало пятого времени года: Карнавальных гуляний.	11 ноября 11 часов 11 минут	♥	Кельн, Дюссельдорф, Майнс	☉	
День покаяния и молитвы Buß und Bettag	среда	†	Земля Саар	✹	20 ноября
День святого Николая Nikolaustag	6 декабря	†	повсеместно	☉	
Рождественский Сочельник Heiligabend	24 декабря	†	повсеместно	✹ ☉	
Рождество Weihnachten	25 декабря	†	повсеместно	✹	
Первый Рождественский День. 1st. Weihnachtstag	26 декабря	†	повсеместно	✹	
Новогодний вечер Silvester	31 декабря	👑	повсеместно	✹ ☉	

† -церковный, 👑-государственный, ♥-"народный", ✹ - официальный выходной, ☉-рабочий день

Во все официальные выходные дни магазины закрыты, учреждения и службы не работают, открыты только заправки, магазины при них и дежурные аптеки. Обязаны работать аварийные службы, службы спасения и дежурные врачи в больницах.

Некоторые выходные, хоть и считаются таковыми, но первые полдня являются рабочими. Например, Рождественский сочельник и Новогодний вечер. В эти дни до 14 часов в магазинах еще можно успеть сделать покупки, некоторые фирмы и предприятия также работают полдня. Но для большинства офисных сотрудников эти дни полностью свободные.

Получается что праздников, которые в принципе могут выпадать на выходные, едва наберется штук девять.

На самом деле, совсем не важно, сколько красных дней в календаре, и на какой день они выпадают. Главное - чтобы праздник был в душе, рядом были близкие и дорогие люди, и тогда любой год будет хорошим!

Как в Германии отмечают Рождество.

"Каждый год 31 декабря мы с друзьями ходим в баню". Елка, салат "Оливье", шампанское, мандарины - все это вместе бывает только под Новый год. Самый лучший праздник! Вокруг царит атмосфера волшебства, и все живут ожиданием, что вот-вот должно случиться что-то хорошее. Сейчас часы пробьют двенадцать, и начнется новая жизнь, новый отсчет, надо только успеть загадать желание. А вдруг в этом году сбудется? Обязательно сбудется!

В Германии самый любимый зимний праздник - Рождество, на втором месте Пасха, а Новый год в рейтинге народной популярности занимает лишь почетное третье место. Нет, и 31 декабря, и 1 января здесь тоже выходные дни, и праздновать и выпивать немцы умеют не хуже нас, с размахом, но для них это всего лишь смена года, просто дата в календаре. В этот день желают "Guten Rutsch" - хорошо "проскользнуть" в новый год. Но, как у нас, подарков не дарят. О Рождестве же говорят с придыханием, готовятся к нему заранее и ждут с большим нетерпением.

Первые Рождественские угощения в магазинах можно обнаружить уже в сентябре, но основные соблазны появляются позже. И ведь соблазнять есть чем: тонкие шоколадные пряники на рисовой бумаге "Lebkuchen", ореховые звездочки, глинтвейн и пунш, марципан всех видов и фасонов, шоколадное домино с прослойкой из вишневого желе, кокосовое безе "Makronen", ванильные рогалики, печенье с корицей "Spekulatius", рождественский кекс "Stollen", запеленутый в щедрый слой сахарной пудры... а как это все выглядит, как пахнет!!!

Католическому Рождеству предшествуют четыре Адвента (*с нем. "наступление", "прибытие"*), каждый из которых приходится на воскресенье. С первого Адвента и начинается Рождественский марафон. К этому дню на улицах появляется первая праздничная иллюминация. Когда-то раньше мне приходилось слышать, что предрождественская Германия похожа на сказочный пряничный город, но когда в эту пору я попала сюда в первый раз, меня постигло некоторое разочарование. Я ожидала большего. Москва под Новый год гораздо красивее, более освещена по центральным ее улицам, наряднее витрины магазинов.

Но рождественская Германия уникальна именно украшениями спальных районов. Немцы вообще очень любят украшать свое жилище не только к праздникам, но и просто к сменам времен года, но перед Рождеством они превосходят сами себя. Окна квартир жилых домов словно участвуют в грандиозном соревновании на лучшее рождественское оформление. Гирлянды, фигурки, звездочки, светящиеся игрушечные домики и церквушки, картины на стекле из искусственного снега, шары, подсвечники, карабкающиеся в окно по веревке игрушечные Санта-Клаусы и в довершение ко всему световая иллюминация. Если в погоне за экономией в обычные дни немец даже в туалет пойдет на ощупь, лишь бы не включить лишнюю лампочку, то в рождественский период оконные гирлянды горят всю ночь.

Украшены даже подъезды. На входных дверях венки, композиции из шишек или просто звездочки, вырезанные детьми. Многие жильцы на лестничные клетки *(а те, кому посчастливилось иметь небольшой палисадничек под окнами, то и в нем)* выставляют снеговиков, оленей, Деда Мороза на санках. Зовут его, конечно, иначе, не Дед мороз, не Санта-Клаус, а Weihnachtsmann, "Рождественский человек". На самом деле персонажей, похожих на Деда Мороза и приносящих подарки в Германии, два. Первый - Святой Николаус, день которого празднуется отдельно, 6-го декабря. Накануне вечером дети выставляют за порог свои ботиночки, а утром находят в них сладости и маленькие подарки, которые им принес Святой. Второй – Weihnachtsmann – дарит подарки на Рождество. Отличить Николауса от Рождественского человека можно по головному убору: если это красная митра, как у Папы Римского, то перед вами Николаус, а "Рождественский человек" носит колпак с бубоном.

Обязательный атрибут домашнего украшения - Рождественский венок или Advents Kranz. Раньше я наивно полагала, что венки служат исключительно декоративным целям, но оказалось это не так. Самая главная часть венка - толстые свечи, их четыре. В каждый из Адвентов их зажигают. В первый - одну, во второй - две, в третий - три, в четвертый все четыре. Они горят весь вечер, пока семья в сборе. Чтобы к Рождеству было еще что зажигать, свечи изначально разной длины, лесенкой: первая - самая высокая, четвертая - самая низкая. В классическом варианте венок делают круглым, из еловых веток, его украшают шишками, ягодами, сушеными яблоками, палочками корицы, маленькими елочными шарами. Но он может быть и прямоугольной формы, как с хвоей, так и без, как с украшениями, так и без. Даже свечи могут быть одинакового размера, самое главное, чтобы их было четыре.

В каждой семье, по крайней мере, в той, где есть ребенок, к первому декабря появляется Advents Kalender. Изначально он был придуман для того, чтобы детям легче было дожидаться Рождества. В самом простом варианте он представляет собой большую плоскую коробку с новогодним мотивом и пронумерованными окошечками, за каждым из которых прячется шоколадка. Каждый день малыш открывает одно окошечко с номером, соответствующим дате, съедает шоколадку, а заодно он может узнать, сколько еще дней остается до главного праздника. Календарь можно купить в магазине, но интереснее всего смастерить самим или вместе с ребенком. Самое сложное для подрастающего поколения побороть соблазн открыть за день более одной дверцы, или вообще не съесть весь календарь сразу.

Где-то к третьему Адвенту в домах появляются Рождественские елки. Германия живет под девизом защиты окружающей среды, и поэтому в большинстве домов елки искусственные. На втором месте - елки в корзинах, с корнями и земляным комом. Они пользуются особой популярностью у счастливых обладателей приусадебного участка, так как такую елку после праздника можно просто вынести на улицу, где она будет расти себе до следующего Рождества. На третьем месте (*уж куда деваться*) елки срубленные. Их всегда жаль, особенно потому, что убирают их почти сразу после праздника, и лишь только в некоторых домах зеленые красавицы дожидаются Нового года. И немцы были бы не немцами, если бы не придумали для срубленных деревьев достойный ритуал послепраздничного расставания.

В один из дней вы обнаружите в своем почтовом ящике листовку, в которой будут указаны дата и время, когда по вашей улице будет проезжать машина, которая вашу елку заберет. Это бесплатно, или плата символическая. У нас дома елка искусственная, и поэтому, как все это происходит, мне доводилось наблюдать только из окна. Очень медленно, почти с пешеходной скоростью по двору проезжает грузовая машина. С нее раздается ненавязчивая, но однообразная инструментальная мелодия. Это сигнал для жильцов. Желающие открывают двери и выставляют связанные деревья за порог. С подножки грузовика спрыгивает пара рослых парней, оттаскивает отслужившее дерево в кузов, при этом зачастую получает не только оплату, но и какие-то маленькие свертки, завернутые в красивую упаковку. В них, скорее всего, сладости. Но, согласитесь, подарки получать всегда приятно. Предвижу вопрос: "Для чего же такие церемонии? Бросил во дворе и все". В Германии на улицу ничего выбрасывать нельзя. Это правило. Непременно кто-нибудь увидит, куда надо передаст и вас обязательно оштрафуют. Со штрафными санкциями в Германии лучше не шутить - очень дорого. Если необходимо, то любой крупногабаритный мусор можно самостоятельно отвезти на специальную мусоросборочную площадку, но не все, что туда привозится, можно сдать бесплатно.

В Рождественский сочельник, 24 декабря, очень многие ходят в церковь. На так называемой семейной мессе дети из патронируемого детского сада разыгрывают сценку с библейским сюжетом, поют гимны. Сама церковь украшена цветами, горят свечи, за алтарем - елка. Главное церковное украшение - огромных размеров Рождественские Ясли. Многие немцы ставят ясли и возле домашней елки. После мессы семьи возвращаются домой на праздничный ужин. Пока дети были в церкви, Weihnachtsmann "оставил" у них дома под елкой подарки. Но, как наши Дед мороз со Снегурочкой, он поздравлять детей лично по домам не ходит.

Традиционное угощение за рождественским столом - гусь или утка запеченные с яблоками, тушеная краснокочанная капуста и так называемые "кнедлики" - отварные шарики из картофельного пюре. Очень популярны колбаски с картофельным салатом. Но самое главное и ценное в этом празднике - возможность собраться семьей и отметить этот праздник вместе, а 25 и 26 декабря встретиться с родными и друзьями. В эти дни все магазины закрыты, даже продуктовые, так что ничего не отвлечет от общения! Слышен звон бокалов, и из каждого окна доносится: Frohe Weihnachten – Счастливого Рождества!

Празднование Карнавала. Rosenmontag.

Rosenmontag , Розовый понедельник, или Понедельник Роз - пик празднования Карнавала. Карнавал начинается еще в ноябре, точнее 11 числа 11 месяца в 11 часов 11 минут. Последняя его неделя приходится на февраль. Это - завершающие гуляния перед Великим постом, аналог нашей Масленицы. Каждый день из семи, предшествующий началу великого поста, имеет свое название:

Четверг: Schmotziger Donnеrstag - Грязный четверг

Пятница: Rußiger Freitag - Копченая пятница

Суббота: Schmalziger Samstag Жирная суббота

Воскресенье: Tulpensonntag - Воскресенье тюльпанов или Тюльпанное воскресенье

Понедельник: Rosenmontag - Розовый понедельник

Вторник: Fasnachtsdienstag - Жирный вторник (*Масленица, Канун великого поста*)

Среда: Aschermittwoch - Пепельная среда

Со среды начинается пост, который закончится празднованием Пасхи.

В Розовый понедельник проходит праздничное шествие, по-немецки называемое Rosenmontagszug или Karnevalszug (*Карнавальная процессия*). В этот день по главной улице города, закрытой для движения обычного автотранспорта, проходит колонна украшенных машин в сопровождении разодетых в карнавальные костюмы людей. По всему маршруту движения процессии, на тротуарах справа и слева собираются горожане. У детей в руках сумки-"авоськи" или целлофановые пакеты. С машин ряженые бросают в толпу конфеты и прочие сладости, и дети наперегонки бросаются собирать угощения. Примечательно, что если какой-то ребенок помладше проиграл в этом соревновании на скорость и реакцию, то старшие делятся с ним своей добычей.

Праздник, проходящий в маленьком немецком городке, по красоте и размаху и близко не дотягивает до своих знаменитых собратьев - карнавалов Венеции или Рио-де-Жанейро, но людям весело, играет музыка, на улице полно народу, все пьют, едят, поют, у всех вокруг хорошее настроение.

Те участники Карнавального шествия, которые проходят за колонной, тоже раздают подарки. У каждого из них - тканая сумка через плечо. В ней либо сладости, либо предметы, не предназначенные для слепого "полета": рекламные шариковые ручки, открывалки для пива, и даже пакеты с луковицами цветов для посадки,- неудачно брошенные, они могли бы здорово покалечить.

Большинство горожан одеты если не в карнавальные костюмы, то с их элементами: париками, шляпами, цветочными гирляндами, смешными очками, ободками с рожками, ушками, помпонами или просто с карнавальным макияжем на лице. В феврале в Германии еще ощутимо холодно, поэтому костюмы одеваются поверх основной теплой одежды. Особенно смешно при этом выглядят ребятишки, которые напоминают маленьких неуклюжих наряженных толстячков.

Ну и как же без "сугревательных" напитков! Пьют в основном пиво. Пьют все, и шествующие, и наблюдающие. Запас "продовольствия" везется на машинах, на тележках и даже на колясках. Те, кому пиво кажется легким напитком, дозаправляются алкоголем покрепче. Для подобных уличных гуляний крепкий алкоголь продается в специальных малюсеньких бутылочках по 20 мл. Ровно на один глоток. Нередко после употребления эти бутылочки, уже пустые, оседают на асфальте, где уже валяются груды конфетных фантиков, бумажной мишуры и прочий карнавальный мусор. Сегодня можно. Все будет убрано уже через час после прохождения последней колонны. Несмотря на обилие спиртного, откровенно пьяных нет. Ну, по крайней мере, пока.

Завершает шествие машина Карнавального Принца, или, как его еще называют, Короля Шутов. Король прощается со своими подданными до следующего года. Карнавал закончен. Люди на улицах расходятся по домам, барам, клубам. Гуляние продолжится не меньше, чем до полуночи. А дети вернутся домой, чтобы первым делом заняться своими сладкими сокровищами. Пока можно, ведь до поста еще полтора дня времени!

Пасха - Светлое Христово Воскресенье. Как празднуют Пасху в Германии.

Пасха - самый светлый праздник в году, по важности для всех христиан занимающий первое место. Это годовщина воскресения Христа, принявшего смерть за всех живущих на земле и этой жертвой искупившего перед Богом грехи каждого из нас. Этот праздник - обещание вечной жизни, но каждый сам ответственен за то, какой будет эта жизнь.

Пасха отмечается и чтится каждым христианином, вне зависимости от конфессий, и ей предшествует Великий пост, время смирения и воздержания. Как и у православных, у католиков тоже есть этот пост, который наступает в Пепельную среду, сразу после празднования карнавала, и он тоже длится около

40 дней. Ограничения по питанию похожи, хотя главным является именно воздержание от увеселений и неумеренности: каждый ограничивает себя сам по своим слабостям: меньше танцев, сквернословия, алкоголя, сладостей, праздного сидения в интернете. Как я услышала однажды в радиопередаче: "Ограничивать себя в пост трудно, где-то не хочется, но ты ведь знаешь, что это не навсегда, и тем приятнее осознание того, что ты смог, ты выдержал, тем сильнее радость от наступающего праздника".

Как и в православной церкви, в католическом мире "Пасха празднуется в первое воскресенье после весеннего полнолуния". Несмотря на такое единое определение, дата наступления праздника в этих двух конфессиях очень редко совпадает. Я не очень сильна в вопросах религии, но, насколько я понимаю, временной разбег связан с применяемыми календарями: в православной церкви ведется исчисление по юлианскому, а в католической - по григорианскому календарю. Иногда, как в 2011 году, время наступления Пасхи католической и православной совпадает, а порой, как в 2013 году, расходится на целых пять недель.

В Германии церковь не отделена от государства. Например, все жители страны обязаны оплачивать религиозный (церковный) налог, под патронажем церкви организуются детские сады и начальные школы, больницы и хосписы. Неудивительно, что многие церковные праздники являются выходными днями. К ним как раз относится Пасха, Рождество, Вознесение, Праздник Тела Христова, Троица, Благовещение. В Германии Пасха празднуется четыре дня подряд: начиная со Страстной пятницы, заканчивая первым днем пасхальной недели, понедельником.

В Страстную пятницу, по-немецки Karfreitag, - самый строгий день поста,- подавляющее большинство немцев соблюдают постные ограничения, даже если в течение всех 40 дней они их не придерживались. Это выходной день, все магазины закрыты. В этот день никто не ест мяса, хотя рыба не запрещена. Но самое удивительное и вызывающее уважение - это духовное отношение людей к этому празднику. Для них это не только возможность лишний денек посидеть дома и побить баклуши, покопаться в огороде или просто оттянуться с друзьями. Это возможность побыть в кругу семьи, подумать над смыслом жизни. Очень многие помнят о том, что это именно религиозный праздник, и если человек собирается, например, в Страстную пятницу сходить на танцы, то ему лучше не брать в этот день выходной, а отправиться на работу. Несмотря на то, что в немецком обществе толерантность и терпимость к ближнему считается добродетелью, такое категоричное отношение к религии не может не вызывать уважения.

Примерно за две недели до Пасхи немцы начинают украшать свои жилища к празднику. Основные символы Пасхи в Германии - Пасхальные яйца и зайчики. Как и в православных странах, на Пасху в Германии тоже принято есть крашеные яйца. Их, уже вареных и раскрашенных, можно купить в магазине. Причем сделать это можно в любой день недели, хоть в субботу прямо накануне праздника. Меня всегда удивляло, почему в России к Пасхе яйца нужно покупать чуть ли не за неделю, по цене втридорога, чем обычно, и особенно радоваться, если удалось купить яйца в белой скорлупе. Такое впечатление, что единственное время, когда куры перестают нестись - это время Светлого Христова Воскресенья. В Германии ничего такого не наблюдается. Для тех, кто хочет раскрасить яйца самостоятельно, с избытком представлены наборы с пищевыми красителями, наклейками и пленками, специальными "фломастерами" и "мелками", которыми могут раскрасить яйца самые маленькие христиане. Кстати, некоторые "чокаются" яйцами на Пасху в Германии почти так же, как у нас, а вот обычая печь Пасхальные куличи здесь нет. Но это для местных православных тоже не проблема, кулич можно спечь самим или купить в близлежащем русском магазине.

В отличие от православных обычаев, в Германии, да и во всем католическом мире, яйца красят не только для того, чтобы их потом съесть, но и для того, чтобы украсить свой дом и сад. Для этих целей берутся, разумеется, не настоящие яйца, а их скорлупки или пластмассовые, керамические или деревянные имитации. Яйца раскрашиваются или украшаются бисером, лентами, рисунками, узорами, аппликациями. Очень популярно, например, украшать яйцами деревья или кустарники на манер новогодней елки, керамические яйца ставятся на подоконники, яйца на шпажке втыкаются в землю цветочных горшков. На дверях домов появляются венки с пасхальными мотивами.

Основные цвета пасхальных украшений нежные, пастельные, весенние, светлые: салатный, желтый, сиреневый, розовый. Это настолько прочно укоренилось в сознании местного населения, что любые подобные им светлые оттенки в одежде или декоре автоматически считаются пасхальными.

Я не знаю, какое отношение ко всей этой истории имеют зайцы (*в Библии-то на этот счет и слова нет*), но второй по популярности персонаж пасхальной Германии - это заяц. Косые всех цветов, форм и размеров наводняют палисаднички, балконы, окна. Керамические, деревянные, пластмассовые, похожие на настоящих и мультяшные, их можно встретить везде и всюду: в магазинах, в праксисах, школах, детских садах. Особенно любимы у детей, конечно, шоколадные зайцы.

В Германии для детей существует очень интересная пасхальная традиция: Eier suchen - Поиск яиц. В каждую семью, где есть ребенок, на Пасху "приходит Зайчик" и прячет цветные яйца в доме, на террасе, в саду, на балконе. Утром малыши, едва успев проснуться, вооружаются корзинками и пускаются на поиски. Некоторые "зайчики" кроме яиц прячут по дому шоколадки и маленькие подарочки. Целый день проходит под настроением поисков, приключений и подарков. Но некоторые, особо отчаянные зайцы, в своем желании "отложить яйца" просто неудержимы! Для своих целей они используют зоопарки, зверинцы или даже определенный участок леса, и об этом своем желании письменно предупреждают всех родителей объявлением в газете или рекламной листовкой.

В прошлом году мы с дочуркой тоже приняли участие в этом действе. Мы были в лесу. К моменту, когда мы пришли, на полянке уже кипела жизнь. Поиском занимались как совсем малыши, так и детки постарше. Я по незнанию полагала, что там, как и дома, заяц разложил яйца и ушел, то есть, кто из детей успеет их найти, тот и молодец. Но присмотревшись повнимательнее я заметила, что яичный поток чудесным образом не заканчивается.

Все дети держали в руках емкости с яичными трофеями, все нагибались в поисках новых, никто к себе особого внимания не привлекал. Дело же оказалось вот в чем: дети постарше, уже информированные, что к чему, нагибались не для того, чтобы поднять, а чтобы незаметно положить яйца в траву, в прошлогоднюю листву или под коряги. Коробки с новыми трофеями брались в деревянной избушке неподалеку, куда "зайцы" заходили за новой порцией яиц. Для непосвященного взрослого, а уж тем более для ребенка, создавалось полное ощущение, что яйца действительно приносили зайчики.

Взрослые в Пасхальное Воскресенье ходят друг к другу в гости, чаевничают, наравне с детьми поедают сладости и торты, поздравляют друзей, знакомых, и даже случайных людей на улице, если они встретились с ними глазами, произнося фразу Frohe Ostern - Веселой Пасхи!

Жизнь в Германии.

Как живется людям с ограниченными возможностями. История из жизни.

Многие, впервые побывав в Германии, говорят о том, что здесь очень много инвалидов. Говоря об инвалидах, имеют в виду, в первую очередь, колясочников, потому, что на улице на коляску действительно проще обратить внимание, чем, скажем, заметить человека с отклонениями по зрению или развитию. Нет, друзья мои, в Германии людей с ограниченными возможностями не больше, чем в любой другой стране. Только здесь они не становятся изгоями, ограниченными четырьмя стенами собственных квартир, а имеют возможность и поощряются к тому, чтобы вести нормальный образ жизни: работать, гулять, ходить по магазинам, путешествовать. Общество, как может, старается им в этом помочь. Например, для более удобного передвижения на всех тротуарах в городе есть участки с "пониженными" бордюрами; перед входами в магазины и прочие учреждения - пандусы, внутри - лифты, обязательно есть отдельный туалет с необходимым оснащением; "наклоняющиеся" к тротуару автобусы с автоматически выдвигающейся площадкой для заезда коляски; самые лучшие парковочные места. Государству тоже выгодно: активный, работающий гражданин, получая полноценную зарплату, своими налоговыми отчислениями в том числе пополняет государственную казну, а не только берет из нее, пассивно получая социальную и медицинскую помощь.

Мне очень хочется поделиться одной историей, которую я услышала случайно, и которая заставила задуматься.

Перед Новым годом, после очередного занятия по пилатесу, наша тренер сообщила, что собирается сменить работу, и что следующее занятие уже будет вести другая девушка. Мы поинтересовались, чем же Мари[2] теперь будет заниматься, и тогда она рассказала такую историю.

В одном маленьком немецком городке, недалеко от нашего, живет девушка. Я не знаю ее имени, назовем ее Эльза. Ей 18 лет. До своих пяти лет она была совершенно нормальным здоровым ребенком. Но потом что-то случилось, что - врачи до сих пор не могут понять, но ее мозг потерял контакт с телом. Она может делать только какие-то отрывистые движения, например, взмахнуть рукой, или дернуть головой, но это похоже, скорее, на судорогу или рефлекс. Она почти не говорит. Ее речь для постороннего человека - набор несвязанных гортанных захлебывающихся звуков, и только мать улавливает в этом смысл. Мозг абсолютно здоров и нормален, а физическое тело в руинах. Девушка живет дома со своей семьей. Ее родители работают. Понятно, что такой человек в течение дня не может оставаться один, так как самостоятельно ничего сделать не в состоянии, ей нужен помощник. На эту работу и собралась уходить наша Мари. Ее обязанности - одевать, кормить, купать, причесывать, гулять и так далее, и так далее. Я выразила Мари свое уважение, назвав такой поступок героизмом. Но в ответ она только удивленно посмотрела на меня: "Во-первых, за это хорошо платят. А во-вторых, ты и представить себе не можешь, как с Эльзой интересно! Прежде чем принять решение о работе, я несколько раз приезжала к ней пообщаться. У нее такое искрометное чувство юмора, я домой уходила в отличнейшем настроении!" Я слушала и не могла поверить своим ушам!

Это невероятно, но оказывается, при таком физическом увечье Эльза живет очень активной жизнью, окончила школу и даже работает! Она ездит в инвалидном кресле, и для управления им и для общения с внешним миром использует специальный компьютер. Он всегда находится перед ее лицом и анализирует движение глаз. Вместо щелчка мышки - моргание. Если Эльзе

---

[2] Настоящее имя изменено.

нужно что-то сказать, то она просто "набирает" нужную фразу на экранной клавиатуре, и компьютер озвучивает сказанное. Так она может общаться, работать в интернете и даже звонить по телефону. Компьютер же ответственен и за управление инвалидным креслом. Дома девушка передвигается сама, а на улице, безусловно, ей нужен сопровождающий.

Фирма, в которой она работает, находится в крупном городе, где-то за 100 километров от ее дома. Эльза ответственна за разработку программного обеспечения, в частности помогает улучшать и развивать программу, которой и сама пользуется ежедневно. Большую часть рабочего времени она проводит на дому, но один-два раза в неделю выезжает в офис. Зачем, спросите вы?! Ведь в век интернета все рабочие вопросы можно решить и через Скайп. Этот же вопрос родился и у меня, а ответ заставил задуматься: "Она и так целыми днями дома, а выезд на работу позволяет ей чувствовать себя полноценным членом общества".

Естественно, я высказала предположение, что Эльза из очень богатой семьи, которая может себе такую роскошь позволить. Но, это совсем не так. По словам Мари, семья очень даже средняя, а все расходы на выплату зарплаты персональному помощнику, на поездки такси на работу в другой город, на переоборудование лестницы частного дома в лифт, и прочее дорогостоящее оборудование покрываются страховой компанией, ведь девушка была застрахована еще ребенком, до того, как заболела.

Медицинское страхование в Германии обязательное для всех и страховые взносы высокие. Кто-то платит больше, кто-то меньше в зависимости от типа страховки и своих доходов, но платят все, как говорится, за себя и за того парня. Если человек здоров, то ежемесячно расставаться с большой суммой денег, безусловно, не хочется, и это кажется обидным и несправедливым. Но ведь жизнь такая хрупкая штука, с любым может произойти несчастный случай, когда здоровье может быть потеряно, да и само существование висеть на волоске. И тогда важно знать, что тебя за борт жизни не выбросит, и помощь придет. А еще важно знать, что ты в любом случае останешься членом социума. Здесь в Германии, как нигде, понимание того, что не всем людям повезло родиться и расти здоровыми, к детям приходит с самого раннего детства.

К этой стране можно относиться по-разному: можно любить, можно ненавидеть, или оставаться к ней равнодушным. Но хотя бы только за одно то, как здесь относятся к слабым, современная Германия достойна уважения.

Какие они, немцы?

Война войной, а обед по расписанию.

В котором часу вы завтракаете? После пробуждения? Даже если оно произошло в три часа дня? И пожелать при этом "доброго утра" домочадцам в порядке вещей? С вероятностью, стремящейся к ста процентам, осмелюсь утверждать, что вы - не немец.

В Германии приемы пищи происходят строго по часам: с 7-ми до 9-ти завтрак, с 12-ти до 13-ти ланч или обеденный перерыв, с 15:30-ти до 17-ти часов кофейная пауза и с 19-ти до 20-ти часов ужин. Не только в ресторанах и кафе, но и дома. Это правило соблюдается неукоснительно, без исключений и оглядки на происходящие события. Скорее события будут подогнаны под эту схему, а никак не наоборот. Поговорка "Война войной, а обед по расписанию" - это точно про немцев. И если соблюдение этих правил во время завтрака проследить невозможно, то во время паузы кофейной они заметны невооруженным глазом: уличные кафе забиты, в летнее время свободного столика не найти, чтобы припарковаться придется попотеть и, кажется, будто даже прохожих людей на улице становится меньше.

В большинстве магазинов перерыв на обед упразднен, но во многих учреждениях, включая почту, остается до сих пор. Право любого сотрудника на обеденный и кофейный перерыв охраняется законом. Но справедливости ради надо сказать, что столь любимое офисными работниками в России поедание вкусняшек за рабочим столом, в Германии, мягко скажем, не приветствуются, и в зависимости от лояльности руководителя может быть вообще запрещено. В редких случаях на столе в офисе можно увидеть кружку для кофе, а у тех, кто работает с клиентами, и ее практически никогда.

Регламентировано и то, что и в какое время к трапезе подается. Например, на завтрак большинство немцев едят булки, разрезая и намазывая их в виде бутерброда. Для начинки подаются сыр, колбасы, джем. Пьют кофе, чай, соки, воду. Никаких сладостей. Помню, когда я только приехала в Германию, одна моя приятельница-немка рассказала, что своему сыну в его день рождения она придумала традицию: разрешает ему на завтрак съесть кусок торта. Тогда я только удивленно пожала плечами. Чего же тут особенного? Нам, русским, не понять. Ведь после наших застолий остается столько еды, что можно еще несколько дней спустя тортами не только завтракать, но и обедать и ужинать!

Бюргерский обед ограничится лаконичной порцией мяса, зачастую шницеля, с гарниром и простым салатом. На столе во время кофейной паузы вместе с горячим напитком, - немцы в большинстве своем кофеманы, предпочитающих чай можно сосчитать по пальцам, - обязательно присутствует "ein stück Kuchen" (*"кусок пирога"*) или сдобная сладкая выпечка. А вот супы подаются за ужином, а не в привычное для нас время обеда.

Если вас пригласили в гости, то, в зависимости от времени, на которое назначено приглашение, можно узнать, чем вас будут угощать. Ко времени завтрака и кофе будет предложено все, что привыкли потреблять немцы в это время дня, и только если вас пригласили к вечеру, то удастся что-нибудь поесть. В зависимости от торжественности приема это могут быть как традиционные блюда немецкой кухни, так и более простые закуски. В любом случае, перекусить дома перед походом в гости - дело совсем не лишнее. И как раз об этом мой следующий рассказ.

Как в Германии отмечают дни рождения, и что стоит знать, собираясь в гости.

"Кто ходит в гости по утрам, тот поступает мудро. Известно всем парам-парам, на то оно и утро!" - пел знаменитый мультяшный персонаж. Эта песня как нельзя лучше подходит к теме предстоящего рассказа!

Однажды, когда я только-только переехала в Германию, друг моего мужа пригласил нас на свой день рождения. Как сейчас помню, на полседьмого вечера буднего дня, кажется пятницы. Как обычно, в течение дня я постаралась есть поменьше, чтобы вечернее застолье нанесло минимальный урон фигуре.

Мы прибыли на место с некоторым опозданием, муж тогда работал в другом городе, и прийти вовремя у нас ни за что бы не получилось. Несмотря на привычный стереотип о немецкой пунктуальности, что по большей части абсолютная правда, современное поколение, сильно разбавленное иммигрантскими вливаниями, дает себе в этом плане несколько больше свободы и послаблений. Поэтому опоздание в разумных временных рамках уже не считается очень уж невежливым или оскорбительным, как раньше. Разумеется, если вы заранее предупредили.

Гости к моменту нашего прихода давно собрались и сидели в кухне-столовой за большим раздвижным деревянным столом. Скатерти на столе не было, впрочем, как и угощения, а перед каждым гостем стоял бокал с напитком. Пили в основном пиво. На втором почетном месте по предпочтениям - безалкогольные напитки. Крепкого алкоголя я не помню вообще. Кстати, чем немецкая компания разительно отличается от русской: если вы по каким-либо причинам решили не пить на празднестве алкоголь, никто не только не станет вас переубеждать, настаивать на обязательной "штрафной", пытаться манипулировать вами фразой вроде "ты меня не уважаешь", обижаться, но даже и не поинтересуется, почему. Хотите чокаться стаканом с водой - на здоровье!

Так как опоздали мы не намного, то я решила, что угощение только сейчас и подадут, и была права. Хозяйка дома спросила меня, буду ли я есть, и после положительного ответа поставила передо мной тарелку с супом, по виду очень напоминающим мексиканское блюдо Чили кон карне. После первой ложки мои подозрения подтвердились. Это был он, тот самый Чили, острый, просто вырви глаз!

Чтобы не обидеть хозяйку и изрядно промучившись, я все же одолела половину тарелки с надеждой, что на второе подадут что-нибудь поудобоваримей. Тем временем почти все гости закончили с приемом пищи, тарелки улетучились, и в центре стола появились пару маленьких подсвечников с зажженными свечами и огромные глубокие стеклянные миски. В одних мисках были чипсы, в других жевательный мармелад. Между ними втиснулись две тарелки с чесночным хлебом. Я ни о чем не подозревала, полагая, что это - закуска к основному блюду. Уточнив у меня, что я буду пить, хозяйка поставила рядом со мной высокий красивый бокал на не менее красивую стеклянную подставку, пакет с апельсиновым соком и села. Больше за вечер она не встала ни разу. Где-то через час, я, "дикая чукотская девушка", сообразила, что то, что передо мной на столе из угощений, это и все, больше ничего не будет, и по урчащему приказу своего пустого желудка накинулась на чесночный хлеб.

Справедливости ради надо сказать, что зато и подарки здесь под стать угощению. Вполне нормальным считается, например, принести имениннику бутылку вина, или музыкальный диск, фильм, билет в кино или на футбол, или вообще ограничится подарочным сертификатом евро так на семь, к этому добавить розу для хозяйки дома и шоколадку для ребенка, если таковой имеется, и подарок готов.

Когда день рождения с друзьями собирался отмечать мой собственный муж, у нас только-только родилась дочь. Закатить ему застолье в знаменитых русских традициях у меня не было ни сил, ни времени по совершенно понятным причинам. Отказаться же от празднования совсем он не хотел, да и не видел оснований, так как клятвенно меня заверил, что сможет организовать все самостоятельно. Спорить с ним бесполезно, поэтому я в очередной раз зажмурила глаза и будь что будет.

В назначенный день в нашу относительно небольшую квартирку набилось сорок человек гостей! Они сидели на диване, на креслах, стульях. Пришлось принести даже пластиковые стулья с балкона и табуреты из чулана. Многие гости просто стояли. Угощение муж накрыл на столе в кухне, каждый мог подойти и взять, что и когда захочет: мини-пиццы, хлебные палочки, чипсы и жевательный мармелад, чесночный хлеб, оливки, орешки, соленые огурчики... Все весело и громко общались, пили, ходили по маршруту комната - кухня - балкон, выглядели и были очень довольными. Парадокс!

Когда все разошлись, я спросила у мужа, как ни стыдно с таким угощением отмечать день рождения? Мой муж к этому времени уже привык отвечать на все мои вопросы, даже самые на его взгляд абсурдные, делая скидку на разницу в менталитетах. И на этот раз он хоть и с некоторым удивлением, но ответил: "Но друзья же приходят пообщаться, показать, что именинник для них важен, а еда и питье это всего лишь дополнение!"

Но это был не последний день рождения, который меня удивил. Нас в гости по торжественному поводу пригласила свекровь. Я, наученная горьким опытом, заранее поинтересовалась у мужа, стоит ли поесть "на дорожку", он в свою очередь меня уверил, что нет.

Мы были приглашены на полчетвертого. В гостиной нас ждал отменно сервированный стол. Совершенная картинка из модного журнала интерьеров: круглый стол, две скатерти, темно-зеленая длинная, на ней салатно-розовая короткая, белая фарфоровая посуда, серебряный подсвечник с зажженными свечами цвета ванильного мороженого, а в центре стола на хрустальной подставке с кружевной салфеткой ... торт! "Если дело дошло до торта, то праздник не удался", - пронеслось у меня в голове. А о чем бы вы на моем месте подумали? Я удивленно вскинула брови на мужа, но он вел себя, как ни в чем не бывало. Когда со сладким было уже часа три как покончено, и я предположила, что пора уходить, свекровь подала угощение! Как положено с горячим, салатами и закусками. Ровно в семь часов. С этого дня началось мое знакомство с немецкими правилами и традициями.

Что бы ни случилось, но если немцы пригласили вас в гости к 10 часам, то угощением будет все, что положено есть на завтрак, и не более. Если ко времени кофейной паузы - то только кофе или чай, и максимум по кусочку торта на брата. Если к семи вечера - будет ужин. Что будет подано на ужин, неизвестно и зависит от многих факторов. В любом случае, плотно подкрепиться перед походом в гости не помешает.

О немецкой псевдожадности.

Многие говорят о том, что немцы жадные. Безусловно, дыма без огня не бывает, но мы по незнанию порой неправильно интерпретируем увиденное, и, не успев толком разобраться, с размаху налепливаем ярлыки.

Дело было еще до нашей свадьбы, мы отправились в ювелирный магазин выбирать обручальные кольца. Я придерживаюсь мнения, что из всех свадебных расходов единственное, на чем экономить не стоит - это кольца. Платье, туфли, ресторан, угощение - все это только на один день, который пройдет, останутся только воспоминания. Кольца же - на всю семейную жизнь.

И вот мы в ювелирном. Качество, как известно, стоит дорого. Мы выбрали понравившиеся нам модели - почти как конструктор собрали свои кольца по параметрам: проба золота, ширина и толщина в миллиметрах, украшения и даже форма кольца в сечении. Несмотря на очень лаконичный дизайн, сумма получилась немаленькая. Когда менеджер магазина ее озвучила, мой, тогда еще будущий муж, сделал недовольную мину. Интерпретировала я ее по-русски и однозначно: жадничает! (*а кольца-то получились шикарные, за время, пока мы их "собирали", я к ним уже успела привыкнуть: мне никаких других и не надо!!!*)

Кровь прилила к голове и, извинившись перед менеджером, я оттащила своего суженого в уголок "на два слова". Но договорить он мне не дал, сразу уловив ход моих мыслей. "Глупая",- говорит, - "кольца считай наши. Но если мы покажем, что, несмотря на наше желание их купить, они нам дороговаты - продавец скинет цену"...

Оказывается, в магазинах можно торговаться! Правило, естественно, не распространяется на супермаркеты и дискаунтеры, а в мебельном, ювелирном, и даже в магазине одежды, если правильно поговорить с менеджером, то можно получить скидку! И особенно, если вы хотите купить несколько предметов сразу.

Сколько раз потом это знание меня выручало! В дорогом магазине приглянулась блуза, оказавшаяся в единственном экземпляре. Маленький недостаток - отпоролась пуговица. Вот она, лежит тут же, в кармашке, пришить ее - минутное дело. Делаю очень грустное и недовольное лицо на кассе, и полученная за этот недостаток скидка в несколько евро тут же поднимает настроение. Покупали шкаф, несколько книжных стеллажей и стойку для CD дисков, муж поговорил с продавцом, и последняя оказалась в подарок.

Ты невольно ввязываешься в очень увлекательную национальную немецкую забаву: "найти, как купить это же, но дешевле", качество ведь от этого не пострадает!

Прямо слышу, как многие спрашивают: "Как это скучно. Неужели немцы не могут себе позволить не думать о копейках?!" Такое внимание к мелочам воспринимается нами как символ скупости, а если человек денег не считает, то он - щедр и богат. Чувствуете? Это за нас говорит наше классовое расслоение общества: нищие и олигархи, и тонюсенькая прослоечка посередине. В свою очередь немцы, - на 80% средний класс, - полагают, что только экономный человек может стать богатым, а бездумное расточительство - признак глупости или легких денег. Если за углом эту же вещь можно купить дешевле, или получить скидку, зачем платить больше?

Немцам не свойственно вываливать всю свою зарплату на вещи, которые им изначально не по средствам. Знавала я в России одну девушку, которая месяцами сидела на овсянке и воде, чтобы со своей секретарской зарплаты купить сумку Louis Vuitton (*не буду врать, не помню точно марку*). Купив ее, стала бояться ездить на метро, но зато у нее есть сумка, как у девушки с обложки журнала! В Германии она понимания бы не нашла, только сочувствие.

Непуганые русскими дефолтами, - когда в одночасье сгорают многолетние сбережения, - немцы привыкли думать о будущем. Здесь все четко: после выплаты всех необходимых для текущей жизни платежей от оставшейся зарплаты часть откладывается на ежегодный отпуск, часть на будущую учебу детям, часть на собственную старость. Все расписано, распланировано, рассчитано. Скучно? Возможно. Зато предсказуемо и надежно.

Немцы не ставят знак равенства между "дорого" и "качественно". Они видят разницу между йогуртом известной марки с "зашкаливающим" сахаром и аллергенами и простым, качественным, местного разлива; между сумкой "с именем" и сумкой из добротной кожи отличного пошива; пятизвездочным отелем на греческих островах и трехзвездочным на балеарских. Они сверяют свои решения с тестами, отзывами других покупателей, умудряются довольствоваться малым, и иметь при этом все.

Ну что, вы до сих пор считаете немцев жадными?

О честности по-немецки. Тема для размышления.

Согласно исследованиям, человек ежедневно прибегает ко лжи до 200 раз в день. Представьте себе ситуацию: вы идете по улице и видите, как человек перед вами теряет купюру в 20 евро (*или в 2000 рублей, например*). Если честно, то как вы поступите? Вернете ее владельцу или тихонечко положите в карман?

С таких слов начиналась одна из исследовательских передач "Галилео", которую мы с мужем давно записали на видеорекордер, но все никак руки не доходили посмотреть, и вот, наконец, дошли.

Слегка отвлекусь от темы и скажу, что немцы вообще нация очень точная и обстоятельная. Не говоря о том, что все вокруг должно быть четко и прозрачно, начиная от законов, и заканчивая языковыми формулировками, они даже в быту ведут себя так, как если бы все, что их касалось, должно было бы быть со знаком качества. В век товарного изобилия, когда главной проблемой потребления становится выбор, у них все должно быть особенно тщательно протестировано, измерено, оценено, сравнено, взвешенно. И они преуспели. Многочисленные тесты, обзоры, встречаются чуть ли не в любом печатном издании. Более того, есть специальные независимые журналы, проводящие и публикующие тесты на качество и функциональность. Что-то вроде передачи "Контрольная закупка" только во много раз круче. Если какой-то товар в таком тесте получает оценку "хорошо" или "отлично", то эмблема с его результатом наносится на сам товар. Для производителя это гордость. Среднестатистический потребитель, увидев два товара сходных по цене, на одном из которых есть эмблема, а на другом нет, возьмет с полки экземпляр тестированный. Тестам доверяют, тестирующие подтасовок избегают - дорожат своей репутацией.

И вот предметом исследования стали сами немцы. Я даже отложила дела в сторону, настолько стало интересно.

Какое человеческое качество является для них самым важным? 90% немцев ответили "Честность". А насколько они сами по-настоящему честны? Остаются ли они таковыми всегда, или, если подвернется случай, расчетливо воспользуются им?

Для ответа на этот вопрос были организованы три разных теста, три разных ситуации. В качестве эксперта была приглашена психолог, в ее задачу входило объяснять мотивацию того или иного человека при его том, или ином поступке.

Итак, **тест №1**. Девушка идет по улице, достает из кармана джинсов мобильный телефон и "теряет" купюру в 20 евро. Она продолжает идти по улице и разговаривать. За ней и окружающими "из-за кустов" следит скрытая камера (*уйти двадцатке просто так никто не даст, тут и за меньшую сумму муху в поле загоняют!*). Как будут реагировать прохожие? честно отдадут, или аккуратненько прихватят с собой? До начала эксперимента были опрошены люди на улице. Почти все сказали, что если встретятся с такой ситуацией, то деньги вернут (*ну-ну, подумала я, а что еще можно сказать, когда ты в камере крупным планом, и, как и любой антагонист, я настроилась увидеть в этой передаче опровержение их высокопарным словам.*)

Словно оправдывая мои ожидания, первый же прохожий нагнулся, легким движением подхватил купюрку и незаметно сунул ее в карман. (*О, думаю, все с вами, ребята, ясно!*) Но далеко он не ушел, догнали журналисты. Лицо его, конечно, скрыли, голос изменили. Он и не отпирался, что нашел деньги, но что девушка выронила - не заметил. Будем считать, что мы ему поверили. Тест продолжился.

Следующий прохожий парень увидел падающие деньги, а также и то, откуда они падают, поднял купюру и... вернул. Через два метра его тоже поймала камера. Остановили и спросили, почему он поступил именно так. Он растерялся, "Рефлекс"- говорит. (*Ладно, думаю, "ворона белая", лети, не порть статистику*). Но и следующий прохожий деньги вернул, потом еще один, и еще, и еще. Тест проводили в течение часа, нам показали, конечно, только монтаж, но вот что удивительно: купюру возвращали ВСЕ, вне зависимости от внешнего вида, возраста, половой или профессиональной принадлежности, цвета волос, наличия или отсутствия акцента. Среди испытуемых я не заметила только экземпляров "без-определенного-места-жительства", иначе тест точно провалился бы, не начавшись. Причем для этого прохожим приходилось не только наклоняться за деньгами, но еще и догонять потом "Машу-растеряшу". Большинство перед камерой сказали, что оставить деньги себе посчитали бы чем-то вроде воровства или кражи.

Я стала невольно поерзывать на стуле. (*Помните фильм "Бриллиантовая рука", когда героя Андрея Миронова занесло на необитаемый остров? Он молил о помощи и вдруг увидел мальчика, "идущего по воде". Вот такое же чувство возникло и у меня, только вместо мальчика - среднестатистический представитель немецкого народонаселения. Уж больно идеальная картинка получалась!*). И тут же мне "на выручку" поспешили две девчонки-подростка. По записи было видно, что подняв купюру и поравнявшись с потерявшей ее девушкой, они еще сомневались, возвращать ее или нет, но соблазн заполучить "такие деньги" оказался непреодолим.

Тест №2. был организован так, чтобы проверить, какие обстоятельства влияют на проявления честности в большей или меньшей степени.

В фойе кинотеатра, рядом с буфетом организовали стенд самообслуживания: кульки с попкорном и шоколадные батончики по рекордно низкой цене - 1 евро (*против обычной 2,5 евро*). Для оплаты на столе поставили специальную банку-копилку, кассира не было. Уже через 10 минут все оказалось "распродано". Когда организаторы проверили содержимое "кассы" - из 26 евро они не досчитались всего двух (*!!!*). Причем, на записи скрытой камерой было видно, что эти два человека вообще не положили денег, а не просто отделались более мелкой монетой.

Во второй раз рядом со сладостями повесили фотографию розовощекого малыша и повторили эксперимент. Считается, что фотографии младенцев повышают честность на уровне подсознания. Неужели, правда? "Инкассация" подтвердила, что трюк сработал, и на этот раз дебет кредитом сошелся до цента.

В третий раз возле столика поместили большое зеркало. Бессознательно, свое отражение в зеркале воспринимается как контрольная инстанция, человек чувствует себя, как под наблюдением. На этот раз в кассе-копилке оказался даже лишний евро.

Конечно, страх быть "застуканными" побуждает большинство людей на улице вести себя честно. Что произойдет, если они уверены, что их никто не видит?

Тест №3. Тест разворачивается в маленьком магазинчике, каких в Германии много. Эдакий ларек а-ля советский "Союзпечать", но в который можно заходить. Основной ассортимент - журналы и газеты. Наряду с ними продаются лотерейные билеты, сладости и сигареты, так что покупатели заходят сюда не только за свежей прессой.

Ситуация: магазин открыт, продавца нет, на прилавке тарелка с разменными монетами на сумму в 15 евро и табличка: "Ушла, скоро буду. Если вам что-то нужно - берите. Оплату кладите на тарелку, сдачу возьмите сами". Перед тем, как начать эксперимент, спросили саму владелицу магазинчика, что она думает о результатах теста. Она высказала уверенность, что ее клиенты абсолютно честны, и она готова дать голову на отсечение, что никто из покупателей ничего без оплаты не возьмет (*!!! такой самонадеянности только позавидовать, но голову бы на ее месте я давать не стала*). Как положено, в углу под потолком поместили скрытую камеру. Эксперимент начался.

Пустой магазинчик. Никакого контроля. Разменные деньги всего лишь на расстоянии вытянутой руки. При желании можно полмагазина с собой вынести - никто внимания не обратит. Остановить может только собственная совесть. Зашел первый покупатель. Потоптался в нерешительности, оглянулся по сторонам в поисках продавца. Не обнаружил, зато заметил на прилавке записку. Прочитал. Удивленно поднял брови, обалдело перемялся с ноги на ногу, сунул руки в карманы и … ушел. Следом появились два строителя в робах, вымазанных по немецким меркам по самое "не могу". Первым делом увидели монеты, потом переключились на табличку. Склонившись, долго и упорно ее читали. Дочитали. Выпрямились, постояли, развернулись и ушли! Следующие человек десять, поняв, что продавца в магазине нет, покидали магазин, так ничего не купив, но и не прихватив.

Через некоторое время вернулся один из строителей. Вошел решительно, направился к стендам с газетами (*я мысленно выдохнула: ну вот!*). Взял газету, сверился с ценой, вынул из кошелька купюру, положил на тарелку, и аккуратно отсчитал пару монет сдачи.

Лед тронулся! Торговля закипела. Желающие купить сигарет вынуждены были даже заходить за прилавок, чтобы взять необходимую пачку. Потом возвращались на покупательское место и расплачивались сполна. (*С каждым новым входящим посетителем я все ждала - ну, кто же, ну, когда же?!*) Никто не попытался сэкономить, или сделать самому себе скидку. Один из покупателей на какое-то время даже взял на себя роль продавца, стал за прилавок и выдавал прочим посетителям сигареты и сладости, не забывая принимать деньги и отсчитывать сдачу.

Через три часа было уже решено за полным провалом эксперимент прекратить, как тут зашли две девушки-подростка. Взяв с полки сигареты, они положили было свои 5 евро на тарелочку (*да-да, сигареты в Германии стоят ТАК дорого*), потом оглянулись, пошептались и... забрали с тарелочки свои 5 евро! Невероятный результат. Из 50 (*!!!*) посетителей лишь только эти две девицы в абсолютно пустом магазине решили немного сэкономить.

Когда передача закончилась, я еще некоторое время не шевелясь сидела на стуле. Надо было переварить увиденное. Сказать, что такие результаты меня удивили - ничего не сказать. Что это было? Коммунизм в отдельно взятой стране? Неужели я плохо думала об окружающих меня на улице людях, которые на самом деле кристально честны?

Выводов в этой статье не будет, слишком уж я не была готова к таким результатам. А как считаете вы? Если бы подобный тест проводился в вашем родном городе, какими были бы результаты?

1. Сколько прохожих вернули бы деньги девушке из первого теста?
- более 90%
- больше 50%
- меньше 50%
- меньше 10%

2. Если бы в нашем кинотеатре так продавали попкорн то:
- более 90% покупателей платили бы полную цену
- более 50% покупателей платили бы полную цену, остальные либо не платили, либо клали в кассу меньшую сумму.
- более 50% покупателей клали бы в кассу меньшую сумму, только несколько человек - полную, а остальные не платили совсем.
- больше половины покупателей вообще ничего бы не платили, монеты в копилку кидали бы единицы
- в первую очередь "приделали бы ноги" к самой копилке.

3. Окажись в моем городе "бесхозный" магазинчик:
- более 90% покупателей оплачивали бы товары честно.

- более 50% покупателей оплачивали бы товары честно, остальные - "со скидкой".
- менее 50% покупателей оплачивали бы товары полностью, остальные либо "со скидкой", либо брали даром.
- за три часа эксперимента от магазинчика без продавца не осталось бы камня на камне.

Стоит задуматься, правда?[3]

Как узнать немца по его поведению?

Представьте себе на минутку, что вы заблудились, или потерпели кораблекрушение, вас выбросило на берег, и вы не знаете, в какую страну попали. Что делать? Как определить, где вы находитесь? Закройте глаза и прислушайтесь к толпе. Если первым, что вы услышите, будет "Найн" - поздравляю, вы в Германии!

Вообще хочу заметить, что "Nein" "Нет"- это излюбленное немецкое слово, я бы сказала своеобразная визитная карточка Германии. Резкое, громкое, как удар хлыста, это одно из первых слов, которое от частого и повсеместного звучания выучивается мгновенно и запоминается навсегда. То ли я росла давно, то ли у нас это было в крови, но произнести открыто "нет", или услышать прямой отказ в ответ на собственную просьбу нам психологически очень сложно. Мы скорее будем увиливать, мести лисьим хвостом, делать все, чтобы не употреблять это слово прямо, а в Германии Nein на каждом углу, по поводу и без.

---

[3] Оригинальную версию программы можно найти по ссылке:

http://www.prosieben.de/tv/galileo/videos/clip/217634-wie-ehrlich-ist-deutschland-1.2899765/

А узнать результаты теста можно здесь: http://www.o-germanii.com/2013/01/o-chestnosti-po-nemetski.html

Второе слово, которое будет услышано сразу после Nein, - еще тогда, с закрытыми глазами, - это слово "Ойро". Так немцы произносят название европейской валюты. Обо всем, что касается денег, говорят все, от мала до велика, с утра и до позднего вечера. Прислушайтесь к разговору играющих детей, проезжающих мимо вас на велосипедах подростков, прохаживающихся в вечернем променаде зрелых пар. Ойро-Ойро-Ойро и Nein-Nein-Nein.

Денежный вопрос в капиталистическом обществе немаловажен, без него никуда, но не через слово же, и не во всех ситуациях! Кстати, мы, русские, - а наверняка и другие народности, - в разговоре о деньгах часто название валюты опускаем. Произнося "два пятьдесят" всем становится понятно, что мы имеем ввиду рубли (*гривны, зайчики, тугрики*). Первые робкие уточнения появляются только к трехзначным круглым суммам: "(Триста) рублей или долларов?"

Немцу, чтобы понять о чем речь, к числительному обязательно нужно добавить свое Ойро, и не важно, сколько знаков после запятой. Без этого волшебного слова из четырех букв он никак не поймет, что вы имеете ввиду: деньги, время, или количество слонов и гиппопотамов в местном зоопарке. Конечно "Два пятьдесят" не лучший пример. Теоретически это действительно может оказаться "два часа пятьдесят минут", несмотря на то, что вы только что упорно обсуждали цену бутылки пива. Но даже если вы скажете "Тринадцать восемьдесят пять", что ни ко времени суток, ни к дате года не подходит вообще, немец будет покорно стоять и ждать, пока вы не добавите в конце слово Ойро...

Догадываться - это вообще не про немцев. Все что их окружает должно быть точно и однозначно: время, деньги, речь. Изучающим немецкий известна его особенность: в этом языке очень много составных существительных, просто пруд пруди. Например, было два слова "Werk"- "труд" и "Zeug"- "штука, предмет". Слепили вместе, получился Werkzeug - (рабочий) инструмент. Слова

"Schlaf"-"сон" и "Sack"-"мешок" вместе означают "Schlafsack"-"спальный мешок". А вот теперь попробуйте в разговоре, например, собираясь в поход и в сотый раз говоря о спальном мешке, для краткости сказать не Schlafsack, а просто "Sack". Все! (*Разговор дальше не идет, просьба освободить вагоны!*") Ступор! Системная программная ошибка! Немца парализует, и он банально перестает вас понимать. Чтобы хоть как-то вернуть собеседника к жизни, нужно отмотать пленку назад, и три раза повторить последнюю фразу, употребив нужное слово целиком.

Только не надо мне говорить, что у слова "Sack" есть еще несколько значений, среди которых и варианты ниже пояса! У нас-то ведь тоже несметное число значений слова "давай", мы же как-то смысл сказанного понимаем из контекста! Немец – нет! Он будет методично и нудно ждать каждой запятой и точки. Может именно от этой любви к точности и появилось еще одно отличительное качество немцев - долгие уточняющие разговоры, перерастающие в дискуссии.

Беседа у немцев получается из любого пустяка. Слово за слово, и медленно и незаметно вы оказываетесь втянутым в дебаты. Ситуация не важна, время не важно, возраст собеседника тоже не важен. Главное расставить все точки над "i". Порой доходит до абсурда, ведь со знаменитым: "Wir müssen miteinender reden!" "Нам надо поговорить",- они могут запросто обратиться к собственному чаду, которое само-то отроду едва двух лет. С ребенком будут говорить, как со взрослым, будут все ему объяснять, и чуть ли не ждать объяснений от него самого. Причем происходит это хоть и без суеты или раздражения, зато достаточно долго и громко, что слышно бывает еще и тому парню за пару кварталов от дискутирующих.

Немцы в общении между собой все обсуждают, проговаривают, дают уточняющие реплики и формулировки. Парадокс, я уже устала просить своих окружающих, чтобы они исправляли неточности моей немецкой речи - они молчат, как воды в рот набрали. Ведь в Германии негласно считается, что поправить собеседника - означает уличить его в неграмотности и тем самым обидеть. Но стоит заговорить на тему, где нужно высказать свое мнение, немцы начинают тараторить так, что и слова вставить не удастся. Зная уже, что к чему, и услышав из уст любимого мужа знакомое: "Давай с тобой это обсудим", - я либо забиваюсь в самый дальний угол дома, либо, если разговора избежать не удается, начинаю как каракатица "плеваться чернилами", только чтобы все быстрее закончилось, меня потеряли из виду или, и того лучше, оставили в покое. Ну, не могу я ввязываться в беседу о пустяках лишь только из одной любви к искусству, мне банально жалко на это своего времени!

Возвращаемся к нашему вымышленному кораблекрушению. Кстати, вы что, еще так и стоите с закрытыми глазами? Открывайте. Посмотрите вокруг. Видите, проходящие мимо люди, показывают что-то друг другу, выставляя в сторону объекта указательный палец наподобие дула пистолета, даже если этот "объект" вы сами? К словам "Найн" и "Ойро" можно было и не прислушиваться - это немцы.

Меня с раннего детства учили, что показывать на что-нибудь пальцем не хорошо. Чтобы привлечь внимание мамы в Детском Мире, приходилось изворачиваться, и изящно отвернув ручку, показывать на вожделенную игрушку мизинцем. И уж тем более, верхом невоспитанности считалось ткнуть перстом в какого-то человека. Это все не про Германию. Тут все с точностью до наоборот. Сперва можно подумать, что такое поведение это выражение агрессии. Отнюдь! Указательный палец, угрожающе поднятый при разговоре вверх, или почти на физическом уровне тыкающий в собеседника - это просто такая же часть Германии, как ее герб или флаг. Они не собираются на вас нападать, так что занимать оборону не обязательно. Немцы просто так разговаривают, стремясь привлечь внимание собеседника. Если словами и громкостью голоса не получилось - в ход идут ... пальцы.

Ну, что, местоположение выяснили. Вы на берегу. Теперь оглянитесь на свой "корабль". Если его разбило в хлам, и обломки ремонту не подлежат, то вы останетесь жить на острове, где выбрались на берег, счастливые от того, что можете дышать воздухом, а не кормить собой рыб. Теперь важно не быть "съеденными" туземцами и держать глаза и уши открытыми. Смотрите, учитесь, привыкайте, адаптируйтесь, сливайтесь с местным населением. Дальше будет только интереснее!

О речевом этикете. Разговор по телефону и вежливое обращение, насколько это важно для немцев?

У вас зазвонил телефон. Вы подходите, поднимаете трубку, и... Если вы находитесь не на работе, а дома, или звонок поступил на мобильный, что вы говорите? В России я насчитала несколько вариантов. Самые распространенные "Алло" и "Да". Реже попадаются "Ну?" и "Чё надо?". Совсем редко, но все же было: "Какого хрена!" В последнее время вошло в моду отвечать на звонки на мобильный, называя звонящего по имени. Я, например, когда кому-нибудь звоню и после гудков слышу: "Да, Диана!" - тихо впадаю в ступор. Что, "Да"? Это уже ответ на вопрос? Разве я уже что-то спросила?

В Германии в этом плане интереснее. Если в любой другой стране мира, на той стороне трубки вы услышите любые вариации на тему "Алло": "Hello", "¡Hola", "Ciao", "Olá", "allô"; - то немцы пошли гораздо дальше. Они отвечают на звонок, называя свою фамилию - "Schmidt!" Причем делают это в таких интонациях, что можно подумать, что они целый день сидели перед телефоном, и только того и ждали, когда же вы, наконец, позвоните!

Звонящие тоже не отстают. Если это не звонок другу, когда можно просто назвать свое имя, они представляются по полной, с фамилией и даже городом проживания, и только потом объясняют цель звонка! Если же ограничиться только одним "Алло", на том конце возникнет замешательство и повиснет неловкая пауза, видимо собеседник решит, что что-то идет не так, но что именно, и как исправить ситуацию, он не знает.

Надо сказать, что для немцев, у которых нет отчеств, использование фамилии собеседника усиленная словами "Господин" и "Госпожа", - соответственно "Herr" и "Frau", - это форма вежливого обращения. В русском обиходе сравнительно недавно тоже появились такие обращения. Например, в передаче "Что? Где? Когда?" из уст ведущего можно часто услышать "Госпожа Никитенко, Господин Новиков", но все-таки, если вы обращаетесь к коллеге по работе, к соседям, к учителю в школе, по-русски вы будете использовать имя-отчество, а вышеуказанная конструкция будет звучать слишком высокопарно.

Если немец защитил диссертацию и получил докторскую или профессорскую степень, то этот титул он несет с собой как флаг на протяжении всей жизни. Обращение к нему уже не будет начинаться с неблагозвучной для русского уха приставки Herr, а он сам будет именоваться Doctor Schmidt. Этот титул намертво сращивается с фамилией, поэтому и в удостоверении личности и на дверных табличках часто можно прочитать: "Dr. med. Franz Schmidt". А если диссертации было две? Не беда! Тогда он будет Dr. Dr. Franz Schmidt!

Когда я говорила про дверные таблички, я имела ввиду не только вывески на праксисах или рабочих кабинетах. Дело в том, что в жилых домах Германии у квартир нет номеров, их заменяют фамилии проживающих. В многоквартирных домах и почтовые ящики, и кнопки звонков тоже "именные". В частных домах - фамилии проживающих выгравировываются на красивых металлических, стеклянных, керамических табличках. Некоторые вписывают на них свои имена, имена детей и даже домашних животных. Получается что-то вроде: "Здесь живут Мария, Ульрих и Лео Шмидт и их любимый пес Бобик".

Имя, – Vorname, - у немцев существует для друзей, родных и близких знакомых. Всем остальным известна только фамилия. На американский манер обращаться к человеку только по имени и на "Вы", в общих случаях не принято, и делать этого не стоит, если, конечно, вы не хотите прослыть непроходимым невежей. Как иностранцу, безусловно, какую-то скидку вам сделают, но оценить, что немцы при этом испытывают, можно, если представить, что к вам самим кто-то незнакомый вдруг обратится на "ты".

У меня с этим "ты" связана одна история. Я тогда только переехала в Германию, мой немецкий был в зачаточном состоянии, а английский, напротив, в достаточно беглом, чем я, собственно, и спасалась. Владеющие более чем одним иностранным языком знают эту особенность: когда начинаешь изучать второй язык и нужно что-то быстро сказать на нем, мозг услужливо подкидывает конструкции из первого, уже освоенного иностранного. Видимо, утруждаться не любит никто, даже серое вещество. Если мне приходилось говорить на немецком, я брала английскую фразу, заменяла в ней слова на, как мне казалось, идентичные немецкие и выдавала результат, в надежде, что меня как-нибудь да поймут, простят, сделают скидку (*раз сами не удосужились выучить английский*).

Позвонил мне в дверь почтальон. Принес посылку, но кроме того, чтобы ее отдать, он решил у меня что-то уточнить. На мою попытку ответить по-английски реакция не последовала, потому я решилась "перейти" на язык собеседника. Слепила на скорую руку фразу из того что было и выдала, не особо задумываясь. Он как он мой ответ услышал, так глаза из орбит и вылезли, губы в нитку сжались, кровь от лица отлила, стоит, шатается - чистый кандидат в реанимацию! Развернулся на каблуках и удалился с гордо поднятой головой, а я стала лихорадочно вспоминать, что же я ему такого сказала. По всему получалось, что кроме обращения на "ты" (*в английском же языке "ты" и "вы" обозначается одним и тем же словом*) в моих словах придраться было бы не к чему! Вышло, конечно, неудобно, но не смертельно, думала я. Но каждый раз, когда он появлялся снова, он быстро отдавал корреспонденцию и шарахался от меня, как от прокаженной.

Немцы на вежливости помешаны, особенно на словесной. Порой от этих реверансов "китайских мандаринов" голова кругом идет. К примеру, слышала однажды диалог между двумя дамочками, которые полчаса обсуждали и осуждали одну фрау, которая в булочной, сказала просто: "Две булочки, пожалуйста". Вы удивлены? Не знаете, как надо было? Ха! Надо было, расплывшись в улыбке, произнести: "Доброе утро! Я бы с огромным удовольствием хотела купить у Вас эти булочки, и, если бы это вас не затруднило, то две. Будьте добры, пожалуйста", и добавить: "Премного вами благодарна, желаю Вам отличного дня!".

Возвратимся к почтальону. После сего пердюмонокля очень хотелось, чтобы посылки приносил кто-нибудь другой. Я не считаю, что я его сильно обидела, мог бы меня, как иностранку, и простить, но при его появлении в воздухе висело такое напряжение, что хоть мобилку подзаряжай, да и настроение портилось. Потом мы переехали, и я с облегчением вздохнула, надеясь, что проблема решена.

Каково же было мое удивление, когда в новом доме я открыла дверь почте и снова увидела знакомое лицо! Вмиг стало очевидно, что он тоже "рад" встрече. Но деваться некуда, больше переездов не планировалось, надо исправлять ситуацию. За это время я в немецком-то поднаторела, стала каждый раз выдавать ему порцию немецких сослагательных наклонений с речевыми крендельками, и он оттаял. Мы, конечно, не стали лучшими друзьями, цели такой не было, но при встрече неловкости больше нет.

* * *

В чужой монастырь со своим уставом не ходят. Конечно, оказавшись в Германии в качестве туриста, можно рассчитывать на то, что очень многое простится вам автоматически. Немцы не без основания считают свой язык очень сложным и, поверьте, они бесконечно признательны и искренне рады, когда иностранец-турист пытается поговорить с ними на их родном языке. Но если вы решили избрать эту страну в качестве своего нового места жительства, то и требования к вам вашему поведению и речи возрастают в разы.

Уже мало сказать две фразы в духе Луи де Фюнеса "Ich bin муж. Ich bin больной" (*к/ф "Большая прогулка"*), чтобы вызвать восторг собеседника. От вас ждут, что вы примите правила нового общества и будете их уважать и соблюдать. (*От иностранцев, приезжающих в Россию, мы хотим того же самого, не правда ли?*) Поэтому очень важно знать, на что обращать внимание, чтобы стать полноценным членом коллектива, и жить с высоко поднятой головой, не оглядываясь на возможные оплошности со своей стороны и не собирая укоризненные взгляды.

Надеюсь, что мой опыт и наблюдения внесут свою скромную лепту в то, чтобы люди разных стран стали еще чуть более понятными друг для друга.

Желаю вам замечательного дня!

2013 г.

www.o-germanii.com

i want morebooks!

Покупайте Ваши книги быстро и без посредников он-лайн – в одном из самых быстрорастущих книжных он-лайн магазинов! окружающей среде благодаря технологии Печати-на-Заказ.

Покупайте Ваши книги на
www.more-books.ru

Buy your books fast and straightforward online - at one of world's fastest growing online book stores! Environmentally sound due to Print-on-Demand technologies.

Buy your books online at
www.get-morebooks.com

VDM Verlagsservicegesellschaft mbH
Heinrich-Böcking-Str. 6-8   Telefon: +49 681 3720 174   info@vdm-vsg.de
D - 66121 Saarbrücken   Telefax: +49 681 3720 1749   www.vdm-vsg.de